CRISIS

NO EPILÉPTICAS

PSICÓGENAS(CNEP):

La Guía

Dra. Lorna Myers

Crisis no epilépticas psicógenas (CNEP): La guía
Todos los derechos reservados
ISBN-13: 978-1517025014 (CreateSpace-Asignado) ISBN-10: 151702501X
Número de control de la Biblioteca del Congreso: 2013920615
CreateSpace Plataforma de edición independiente
North Charleston, Carolina del Sur
Ilustraciones de David Procter

ÍNDICE

INTRODUCCIÓN

Como directora de los programas de tratamientos para crisis no epilépticas psicógenas y neuropsicología clínica en el Northeast Regional Epilepsy Group, durante más de 10 años, he tenido la desafiante y enriquecedora oportunidad de trabajar con pacientes que sufren crisis no epilépticas psicógenas (CNEP). Todos mis pacientes son únicos y fascinantes por sí mismos como lo son las historias que cuentan sobre cómo llegaron a tener CNEP, cómo llegaron al diagnóstico y, finalmente, cómo llegaron a mi oficina. Inevitablemente, fue un camino duro y sinuoso. Existe tan poca información confiable disponible sobre las CNEP que mucha gente debe andar a los tumbos por años sin comprender totalmente qué es lo que está mal y qué deben hacer al respecto. Las CNEP son tramposas porque se superponen dos especialidades diferentes: la neurología y la psicología / psiquiatría. Y eso genera una probable ambigüedad: ¿es un problema neurológico o un problema de salud mental? Los pacientes a veces se esfuerzan por encontrar un psicólogo que los acepte como paciente. Y luego, aun cuando tienen la fortuna de recibir un diagnóstico correcto de CNEP y encontrar un profesional de salud mental, a veces, ese mismo profesional termina cuestionando el diagnóstico.

Nuestro equipo en el Northeast Regional Epilepsy Group entiende que la CNEP es una enfermedad precedida, casi siempre, por algún tipo de trauma psicológico. No estamos seguros si el trauma realmente causa las CNEP pero, sin dudas, juega un rol grandísimo en alimentar los problemas psicológicos que las acompañan, incluidas la depresión, la ansiedad y la ira. Al mismo tiempo, estos problemas psicológicos se suman a la gravedad de las CNEP. Sospechamos que el mismo cerebro traumatizado trabaja de forma diferente percibe y evalúa amenazas que no existen, y piensa de forma ilógica, quizás debido a los cambios dentro de los centros de emoción, lógica y memoria. Las aflicciones y molestias emocionales pueden ser tan intensas e insoportables que la mente/el cuerpo separan y disocian produciendo el episodio psicógeno; es decir, se desconectan del presente y van a un nivel diferente de consciencia. Es como si la persona de repente perdiera el sentido de dónde está, quién es y qué está haciendo.

El problema a remarcar con esta "solución de disociación" es doble: lo primero, y lo más obvio, es que abre una puerta a episodios de tipo crisis, que pueden ser tristes, perturbadores, embarazosos y, con frecuencia, verdaderamente peligrosos. Lo segundo, que no hace nada para resolver la aflicción psicológica problemática que dispara el episodio en primer lugar. De hecho, solo sirve para incrementar la aflicción en forma de ansiedad, frustración, ira, depresión y otras emociones negativas, que alimentan aún más las CNEP. Entonces, la "solución" del cerebro a la aflicción psicológica se convierte, en sí, en parte del problema. Dado que las CNEP son disparadas –o al menos exacerbadas– por factores psicológicos, tomar todos los medicamentos del mundo para la epilepsia no te ayudará. Debes descubrir la causa de la aflicción psicológica y darle el tratamiento adecuado, o las crisis continuarán y, probablemente, empeorarán. Así y todo, la mayoría de la gente con CNEP no tiene ni idea de qué la causa o qué hacer al respecto.

Mi primer tema a tratar, entonces, al escribir este libro es educar a los pacientes con CNEP. Un paciente educado puede trabajar de forma proactiva con el equipo de tratamiento. Un paciente educado sabrá qué tipo de tratamientos pueden ser exitosos, y evitar ir de un médico a otro, y pasar de un tratamiento a otro. Un paciente educado puede ser un defensor férreo de su propio tratamiento. Y un paciente educado podrá tomar un control más firme de su vida y de su destino.

Mi segundo tema a tratar es educar a la familia/afectos del paciente, profesionales de la salud y al público. Primero "corrí la voz" escribiendo un blog mensual sobre CNEP y creando una página en

Facebook con actualizaciones regulares sobre "Noticias sobre CNEP", y CNEP y salud mental. Este libro representa una síntesis de esa información y más; una fuente de educación única, que sirve de guía para los pacientes con CNEP, sus seres queridos y profesionales de la salud que trabajan con ellos. También da a conocer a los lectores algunas técnicas que utilizamos en nuestros programas de tratamiento de las CNEP en el Northeast Regional Epilepsy Group.

Sin embargo, quiero ser bien clara respecto a una cosa: la CNEP es una enfermedad muy grave que requiere la atención de profesionales expertos en salud mental como psicólogos, psiquiatras, y trabajadores sociales. Este libro no está hecho con la intención de reemplazar ningún tratamiento de psicoterapia o de psicofarmacología, sino de ser una herramienta educativa complementaria. Encontrarás que solo algunos capítulos reflejan tus estados, o que todo lo mencionado se relaciona contigo. Compártelo con tu psicólogo o tu médico, si estás actualmente en tratamiento, y llévalo contigo si comenzarás un tratamiento en el futuro. ¡Será un buen iniciador de diálogo!

Quiero decir algo más antes de que comiences a leer este libro: es imprescindible que siempre tengas en mente que TU FUTURO TODAVÍA NO ESTÁ ESCRITO. Con el conocimiento correcto, la voluntad de mejorar, y una guía adecuada de un profesional, puedes ser el autor de una historia muy distinta para ti. El objeto de este libro es que actúe como un faro que te muestre que existe un camino hacia un puerto seguro. Una vez que sepas todo lo necesario sobre las CNEP y comprendas los pasos que debes dar para recobrar tu salud, estarás camino a controlar lo que creías incontrolable y a mejorar tu vida.

Para los que aman a alguien que tiene CNEP y están leyendo este libro, por favor, sepan que hay esperanza para su ser querido siempre que él/ella tenga la voluntad de comprender la enfermedad y de esforzarse por estar mejor utilizando las técnicas descritas aquí y encarando el tratamiento psicológico adecuado. Vuestro lugar puede parecer difícil, pero, ofreciendo apoyo y guía con conocimiento de la enfermedad, ustedes pueden ser fundamentales para ayudar a su ser querido a recobrar su salud y alcanzar su potencial.

CAPÍTULO 1

¿QUÉ SON LAS CRISIS NO EPILÉPTICAS PSICÓGENAS?

Las crisis no epilépticas psicógenas se parecen a las crisis epilépticas pero, durante un registro de onda cerebral en un electroencefalograma (EEG), no aparece actividad epileptiforme y, en cambio, se considera que es la emoción la que las dispara.

Todo comenzó con una crisis. Estabas sentada en la sala, conversando con tu esposo, cuando comenzaste a sentir que su voz se iba alejando. Lo siguiente que recuerdas es estar en el piso, y tu cuerpo se sacude incontrolablemente. Pensaste que era una anomalía, un incidente raro y repentino, hasta que le siguió otro, y luego otro más. Estabas   aturdida... ¿Qué es lo que está pasando? ¡Nunca antes te había sucedido algo así! Vas al médico, que te deriva a un neurólogo. Te dicen que sufres de epilepsia. Luego pasas por una serie de largas pruebas de medicamentos, con varios antiepilépticos en distintas dosis; quizás hasta pruebes alguno que no está aprobado. Cada una de esas veces, tomas las píldoras y esperan que funcionen, pero ninguna lo hace. Las crisis continúan, y tu médico parece perdido sobre qué hacer.

Finalmente, te sometes a una prueba especial llamada EEG con video que requiere que te hospitalicen varios días. El electroencefalograma mide la actividad eléctrica en tu cerebro a través de electrodos ubicados en el cuero cabelludo. Al mismo tiempo, una cámara de video monitorea todo lo que haces, tanto despierta como dormida.

Te discontinúa todas las medicaciones con el objeto de que el EEG y la cámara de video registren una crisis en progreso. Sufres varias crisis en los siguientes días.

Cuando el médico viene a comentarte los resultados, dice algo como:
"Tengo una noticia buena y una mala. La buena es que no tienes epilepsia."

Ahí viene la mala.

"La mala noticia es que tienes crisis no epilépticas psicógenas, también conocidas como "CNEP" o "pseudocrisis"."

¿Qué? Muy bien, es genial que no tengas epilepsia, pero ¿qué es eso llamado CNEP? Y, además, sigues sufriendo crisis -a veces, varias veces al día-. Entonces, ¿ahora qué?

Eres afortunada si te dan de alta con una derivación a un experto en psicoterapia o psiquiatría, porque eso realmente te ayudará. Si no eres tan afortunada, terminarás yendo de un médico a otro en busca de algún alivio. Muchos se negarán a ayudarte porque el diagnóstico les es desconocido, o sienten que no está dentro de la práctica de su especialidad. Y te dejarán cargando a ti con la responsabilidad. Para peor, tus amigos, familiares, compañeros de trabajo, y el mundo en general pueden actuar como si no creyeran que lo que tienes es una enfermedad real o como si no les importara. Y tú sigues sufriendo esas crisis...

Puede parecer epilepsia, pero no lo es...
Uno de los problemas más grandes de las CNEP es que se parecen mucho a la epilepsia. A las crisis que son psicógenas (es decir, de origen psicológico en lugar de fisiológico) y no epilépticas se las confunde fácilmente con crisis epilépticas: ambas presentan sacudidas y fasciculaciones musculares, cambios en la consciencia, sensaciones extrañas, hablar con gruñidos y, a veces, incontinencia urinaria o morderse la lengua.

Pero las causas de ambas son completamente diferentes. La epilepsia es el resultado de una actividad eléctrica anormal en el cerebro que, de a una, puede causar desde malformaciones cerebrales, infecciones, enfermedades congénitas, traumatismos craneales, accidentes cerebrovasculares (ACV) u otra enfermedad fisiológica (conocida o no). Las crisis no epilépticas psicógenas, por otra parte, son causadas por emociones, o más precisamente, por aflicciones psicológicas apabullantes. Sorprendentemente, el individuo puede ni notar que está bajo estrés.

La diferencia como se ve en un electroencefalograma -la medida/registro de actividad eléctrica en el cerebro- es clara para los médicos que se especializan en epilepsia. Durante una crisis epiléptica, los médicos suelen ver actividad rítmica que representa el encendido de células cerebrales simultáneamente. El EEG se ve diferente durante una crisis no epiléptica

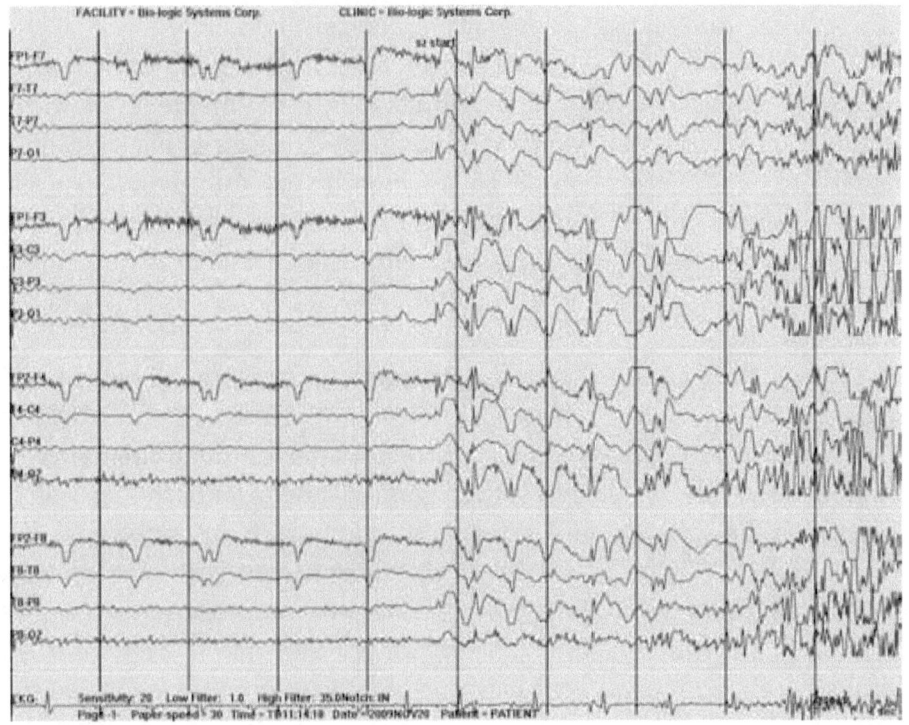

Imagen 1: EEG de unregistro normal (izq.) vs. un EEG durante una crisis epiléptica (derecha)

Una separación de conciencia

El cerebro es un órgano increíble. En condiciones extremas, puede realmente activar o desactivar ciertas partes. Al proceso de desactivación se lo llama *disociación*. La disociación es un mecanismo de defensa muy poderoso que suele verse en los que han pasado experiencias extremadamente apabullantes y experimentado traumas graves. Fundamentalmente, lo que ocurre es que la conciencia se desconecta del "aquí y ahora" para protegerse. El individuo puede que continúe despierto y hasta responder a estímulos, pero, en realidad, está desconectado. La mente se "ha ido" para evitar el dolor.

Durante la disociación, el cuerpo puede ponerse rígido y su respuesta ser más lenta, puede presentarse un parpadeo involuntario, la mirada perdida, y comportamientos de auto consuelo (como balancearse o acariciarse). Internamente, el individuo puede sentirse como un espectador, sentir que el mundo exterior es demasiado lento/rápido y parece irreal, sufrir lapsus de memoria, y no sentir dolor.

Las personas que han sido victimizadas brutalmente y en forma repetida durante un periodo de tiempo pueden utilizar la disociación de manera regular. Pero, aunque es un mecanismo útil cuando se está traumatizado, también puede salir a la superficie más adelante en respuesta a niveles de estrés mucho menores y perturbar seriamente la vida de uno.

En las CNEP, la disociación es una parte importante del episodio. Al paciente se lo suele "retirar" durante el episodio. Las CNEP son generalmente consideradas por los profesionales en salud mental como un tipo de *trastorno de conversión* que se puede superponer con la disociación. En este tipo de trastorno, fuertes reacciones emocionales se transforman, inconscientemente, en síntomas físicos (gruñidos, miradas perdidas, pérdida de la conciencia) o en un evento motor (convulsiones, sacudidas). Los síntomas pueden ser tan graves como la ceguera o una parálisis, y el paciente no tiene control voluntario sobre los mismos. Estos síntomas no pueden explicarse por medio de una enfermedad médica/neurológica, de los efectos de una sustancia, o de comportamientos aceptados culturalmente (por ejemplo, en algunas culturas, el duelo normalmente se expresa a través de movimientos enérgicos, conciencia alterada y lamentos). Sin embargo, *son* precedidos o alimentados por conflictos emocionales o tensionantes. De los cuatro subtipos de trastornos de conversión, uno produce "crisis o convulsiones". La mayoría de los pacientes con CNEP cuentan con este diagnóstico.

Samantha, una maestra de escuela primaria de 32 años, estaba escribiendo fracciones en la pizarra de su clase cuando el Director se asomó y le pidió que lo viera después de clase. Un momento después, Samantha tuvo una extraña sensación en la cabeza y comenzó a tartamudear. Después, perdió completamente la capacidad de hablar. Afortunadamente, su asistente vio lo que estaba ocurriendo y entró al aula para que Samantha pudiera salir. Ya en el pasillo, sintió que las manos se le contraían y las piernas le temblaban. Luego, en menos de cinco minutos, el episodio pasó. Samantha estaba asustada y confundida. Llegó una ambulancia que la llevó al hospital porque su asistente creyó que había sufrido un ACV.

Después de una hospitalización prolongada, en la cual Samantha continuó sufriendo estos episodios raros y en la que le realizaron infinitas pruebas, uno de los médicos le informó que había tenido crisis no epilépticas psicógenas. Había estado viendo a un psiquiatra por un trastorno depresivo que había desarrollado unos años atrás, y le dijeron que continuara las consultas con él por sus CNEP. Luego le dieron de alta.

Conocí a Samantha siete años después. Sus episodios psicógenos habían cambiado con el tiempo y ahora podían durar hasta seis horas. Durante los episodios, se paralizaba y no podía hablar, pero estaba consciente y solía ponerse llorosa. Ya hacía un tiempo que había dejado de enseñar; de hecho, rara vez salía de su casa. Y cuando lo hacía, siempre la acompañaba alguien con una silla de ruedas en caso que sufriera otro episodio.

Desafortunadamente, la historia de Samantha es típica de un

paciente con CNEP. Ella tiene una historia de una infancia traumática y problemas emocionales (depresión).

Cuando experimenta una situación estresante, de pronto se disocia de la realidad, sufre síntomas físicos y cognitivos, y, gradualmente, vuelve a la realidad. Su travesía hacia un diagnóstico/tratamiento apropiado, lamentablemente, también es típica en los pacientes con CNEP, y suele llevar años. Desafortunadamente, su enfermedad realmente empeoró cuando, finalmente, comienza su tratamiento conmigo.

Señales que el problema es CNEP

Visualmente, las CNEP y las crisis epilépticas suelen ser virtualmente idénticas. Pero, aun antes de realizar muchísimas pruebas médicas, también puede haber indicios de que estás tratando con CNEP. Estas señales incluyen:

- *las crisis se presentan, aparentemente, después de periodos de estrés* – Aunque el estrés puede ser un disparador de crisis epilépticas, no es siempre el caso, mientras que en las CNEP casi siempre lo es (aunque el paciente puede que no sea totalmente consciente de su ansiedad).
- *gran cantidad de crisis* – Tantas como una o más por día; mientras que esto se presenta en episodios epilépticos raros y muy graves, la mayoría de los pacientes con CNEP no tienen el desarrollo y la historia médica típicos que se ajustarían en estos diagnósticos.
- *repetidas internaciones y/o visitas a Urgencias relacionadas con crisis* – Nuevamente, este puede ser el caso en ciertas formas de epilepsia, pero los pacientes con CNEP diferirán en su desarrollo e historia médica.
- *falta de respuesta a antiepilépticos* – Esto también puede manifestarse como la respuesta contraria a los antiepilépticos (una mayor cantidad de crisis después de tomar la medicación). Si bien esto podría ocurrir en los pacientes con epilepsia si les recetan la medicación incorrecta, lo más probable es que no ocurra con *todos* los medicamentos.

Hay otras señales que pueden diferenciar las CNEP de la epilepsia, ya que raramente se ven en las crisis epilépticas:

- movimientos pélvicos u otros movimientosatípicos
- llanto durante el episodio
- dificultades en el habla o incapacidad para hablar durante el episodio – en general, el oído está protegido y el individuo puede escuchar parte de lo que se dice
- episodios que comienzan y terminan gradualmente, y que pueden durar segundos u horas
- el episodio puede comenzar o terminar basándose en las instrucciones del médico
- en general, el paciente no se lastima durante el episodio
- el paciente parece impávido durante los episodios y sus consecuencias al entrevistarlo

Además, el paciente con CNEP quizás mueva los músculos en patrones inusuales distintos de los vistos normalmente en una enfermedad neurológica. Por ejemplo, los movimientos pueden comenzar, detenerse, comenzar y detenerse, que no es lo que se suele ver en una crisis epiléptica. O los movimientos pueden transferirse de una parte del cuerpo a otra sin seguir caminos anatómicos normales esperables por un neurólogo. Por ejemplo, los movimientos pueden saltar de una parte del cuerpo a otra totalmente diferente, en lugar de seguir los recorridos conocidos de los nervios.

Sin embargo, es importante recordar que estas señales también pueden presentarse en algunos casos de epilepsia, así que ninguno significa una prueba segura de CNEP. Intentar diferenciar entre estas dos enfermedades únicamente a través del comportamiento visible, es muy riesgoso. Por eso es necesario un EEG con video.

Algunos pueden creer que sus episodios de CNEP se presentan al dormir (por ej.: un episodio lo despertó de repente luego de estar totalmente dormido). Sin embargo, un EEG mostrará otra cosa

¿Cuántas personas sufren CNEP?

Se estima que de 2 a 33 de cada 100.000 personas sufren CNEP.[1]

Entre el 5% y el 10% de los pacientes externos de los consultorios de epilepsia, y entre el 20% y el 40% de nuestros pacientes hospitalizados sometidos a un EEG con video tienen un diagnóstico deCNEP.[2]

La prevalencia de las CNEP en un centro de epilepsia promedio oscila entre el 15% - 40% de los pacientes.[3]

¿Quién tiene más posibilidades de desarrollar CNEP?

Muy bien, te diagnosticaron CNEP y te están haciendo pruebas para ver si estás loco. Para nada. Con toda probabilidad, significa que probablemente hayas vivido ciertas experiencias que han dejado una base para esta enfermedad. En otras palabras, seguramente experimentaste cosas que te dejaron con heridas emocionales que precisan ser sanadas. Estas experiencias y/o heridas pueden facilitar el desarrollo de CNEP más fácilmente: simplemente es la forma en que tu cerebro ha aprendido a manejar el estrés.

Muchos de los que desarrollan CNEP muestran una –o más– de las siguientes características:

- *historia de trauma* – tales como abuso físico o sexual, tortura, presenciar el abuso de un ser querido, etc.

---

1 Benbadis SR, Allen Hauser W "An estimate of the prevalence of psychogenic non-epileptic seizures" seizure2000 Jun; 9(4):280-1

2 Gates JR "Epidemiology and classification of non-epileptic events" In Gates JR, Rowan AJ, eds Non-epileptic seizures: 2d ed Boston: Butterworth-Heinemann, 2000:3–14

3 Bodde NM, Brooks JL, Baker GA, et al"Psychogenic non-epileptic seizures–diagnostic issues: a critical review"Clinneurolneurosurg2009 Jan;111(1):1-9

- *Desorden por estrés postraumático (PTsD)* – este desorden afecta a cualquiera entre el 25% - 50% de los que sufren CNEP
- *alexitimia* – ser incapaz de "leer" las emociones correctamente; una "dislexia" de las emociones
- *familia de origen problemática* – alcoholismo, abuso sexual, es común ver violencia o abandono en la familia
- *problemas con el manejo/comunicación de la ira* – "explotar" ocasionalmente; sentirse "arrollado" otras
- *altos niveles de ansiedad y problemas para enfrentar el estrés*
- *depresión y pobre calidad de vida*
- *una o más lesiones en la cabeza debido a enfermedades neurológicas*
- *abuso de sustancias*
- *fibromialgia, síndrome de fatiga crónica u otros síndromes de dolor*
- *debilidad de memoria, atención y habla*

Las CNEP promedio suelen comenzar a eso de los 20 años, aunque hubo casos en los que comenzaron en edades más tempranas o más tardías. También es interesante notar que las mujeres son mucho más propensas que los hombres a desarrollar CNEP (alrededor del 75% de los pacientes con CNEP son mujeres). Aunque nadie sabe exactamente por qué, es más probable que sea porque las mujeres tienden a ocupar posiciones menos estresantes en la mayoría de las sociedades y, por lo tanto, experimentan abusos sexuales y físicos (traumas) con más frecuencia que los hombres y como tienen menos poder, probablemente no se les permita defenderse y hacer públicos sus sentimientos, lo que lleva a problemas con la reafirmación y el manejo de la ira, y eso no hace más que agravar los problemas.

No es una enfermedad nueva...

Aunque las CNEP puedan ser nuevas para ti, existen informes de episodios psicógenos de cientos de años atrás. Algunos de los más llamativos involucran a grandes grupos de personas en lugar de solo a un individuo. Especialistas en ciencias sociales han rastreado estos episodios hasta eventos traumáticos a nivel social, tales como la guerra la ocupación de la tierra natal, y otros tipos de adversidades como la intensa presión social y condiciones de vida rígidas. Se informaron varios casos de episodios psicógenos grupales, que incluyen conventos en el Medioevo con epidemias de monjas maullando y mordiendo, o de otras "poseídas por demonios". Dos casos destacados recientes incluyen grupos de adolescentes del mismo colegio que comenzaron a presentar síntomas raros que parecían ser neurológicos: las "chicas sacudonas" de Roanoke, VA, sufrieron un brote de contracciones musculares en brazos y piernas en 2007. Luego, en 2011, otro grupo de adolescentes en Leroy, NY, desarrolló "síntomas parecidos a los de Tourette" que incluían tartamudeo, contracciones musculares incontrolables, y arrebatos verbales. Después de una inversión de decenas de miles de dólares en pruebas ambientales, se llegó a la conclusión de que estas adolescentes sufrían un trastorno de conversión. También se pueden rastrear casos de CNEP individuales. Quien escribió acerca de algunos de los casos psicógenos más conocidos fue Sigmund Freud (el Padre del Psicoanálisis) a fines del 1800 y comienzos del 1900.

CNEP – ¿Qué hay en un nombre?

Mientras que la Julieta de Shakespeare insistía con, "(...) La rosa no dejará de ser rosa, y de esparcir su aroma, aunque se llamase de otro modo (...)", en la ciencia, el uso de vocabulario preciso es crucial, ya que nos ayudará a establecer los caminos para el tratamiento correcto. Así, es muy importante que tengamos mucho cuidado con los términos que utilizamos, especialmente en el caso de las CNEP.

A las CNEP se las ha llamado de muchas formas diferentes, entre ellas:

- *episodios*
- *eventos*
- *ataques*
- *crisis histéricas*
- *trastorno de crisis no epilépticas (CNE)*
- *pseudocrisis*
- *crisis*
- *posesión demoníaca*

Muchos de estos términos no solo son erróneos, sino que pueden ser ofensivos para el paciente, un obstáculo para un tratamiento eficaz, y confuso para todos los involucrados. También pueden afectar negativamente la empatía que el profesional de la salud siente hacia el paciente.

Por ejemplo, *pseudo* (como en "pseudocrisis") significa "falso", "que imita", "que simula", "falaz", y "de mentira". Entonces, si describimos tu enfermedad como "pseudocrisis", ¡podría implicar un esfuerzo consciente de engaño de tu parte! "Histérico" viene del término griego "ὐστέρα", que significa "útero". Se usó hace miles de años para referirse a un montón de síntomas físicos y emocionales en mujeres atribuidos a un "útero deambulante". Además de que a la palabra "histérico" ahora se la considera un insulto, el término "crisis histérica" es totalmente inapropiado y erróneo. El útero no tiene nada que ver con las CNEP y, además, los hombres también sufren esta enfermedad.

El nombre recomendado actualmente es *trastorno de crisis no epilépticas psicógeno*. Pero hasta este término tiene sus detractores. Algunos de mis pacientes se han quejado del "psico" de "psicógeno" porque suena como el título de la conocida película de Hitchcock. Otros objetan llamar "crisis" a los episodios, porque confunde las CNEP con la epilepsia.

Creo que el término más preciso y menos ofensivo es *evento no epiléptico psicológico*. Subraya que el trastorno es psicológico y no epiléptico. También reemplaza la palabra "evento" por "crisis", que es una forma más precisa de describir los cambios de comportamiento que se dan durante las CNEP. Probablemente deberíamos reemplazar CNEP por ENEP, pero, para no complicar las cosas, seguiremos utilizando CNEP.

Diagnosticar CNEP

La impactante verdad es que alguien que sufre de CNEP suele tardar unos siete años en recibir un diagnóstico correcto. En general, al paciente se lo diagnostica con epilepsia luego de los primeros episodios, pero como el diagnóstico es erróneo, los medicamentos antiepilépticos no surgen efecto. Entonces, los médicos prueban con medicamentos diferentes, solos o combinados, con diferentes posologías. Así y todo, no funcionan. Dependiendo del tipo de episodios que experimente el paciente, las visitas a Urgencias y los procedimientos invasivos pueden convertirse en parte del abordaje del tratamiento. A esta altura, se considera que la enfermedad es "refractaria", es decir que no responde al tratamiento. Esto implica más exámenes que, con suerte, terminarán en una derivación a un centro integral de epilepsia.

En un centro integral de epilepsia trabajan epileptólogos (neurólogos especializados en epilepsia y lectura de EEG, y que tienen un doctorado en epilepsia), y otros profesionales especializados en el trato de la epilepsia y las crisis, tales como técnicos en EEG, enfermeras yneuropsicólogos.

El centro incluye una unidad para pacientes hospitalizados con equipamiento especial (máquinas que registran EEG y cámaras de video) utilizado para diagnosticar –o descartar– epilepsia o CNEP. Las pruebas suelen llevar entre 3 y 5 días, durante los cuales se conecta al paciente a cables para un EEG y, simultáneamente, se lo graba en video. El objetivo es tomar las ondas cerebrales y el comportamiento presentado durante la mayor cantidad posible de crisis típicas, y luego analizarlos detenidamente para ver si indican epilepsia o CNEP.

Ya con un diagnóstico de CNEP, los médicos pueden decidir disminuir o no reiniciar los antiepilépticos que el paciente estaba tomando al ingresar al hospital, excepto que hayan sido recetados con fines psiquiátricos o de otro orden médico. Los médicos también derivarán al paciente al profesional psiquiátrico que corresponda.

La prueba "Patrón de oro" – El EEG con video
Considerado el "patrón de oro" al diagnosticar CNEP, el EEG con video (VEEG) ayuda a establecer si tu comportamiento y/o tus ondas cerebrales son a causa de una epilepsia o no. Se compone de un electroencefalograma que es un registro de la actividad eléctrica en la máquina que registra el EEG monitorea las ondas eléctricas en tu cerebro y detecta las "tormentas eléctricas" que indican eventos epilépticos. Para realizar   un

EEG, te colocan varios cables (electrodos) en el cuero cabelludo utilizando un fuerte pegamento no tóxico. Los electrodos detectan actividad eléctrica en el cerebro y transmiten esta información a la máquina que registra el EEG, que la convierte en líneas onduladas llamadas "registros gráficos". Estos registros son como un sismógrafo, que registra temblores y terremotos subterráneos, excepto que los "temblores" reflejan eventos epilépticos. Los epileptólogos están capacitados para reconocer patrones específicos de EEG que son epilépticos, y para diferenciarlos de los que no lo son.

La segunda parte de la prueba, la cámara de video, te registrará durante la misma con la esperanza de tomar una (o varias) crisis en curso.

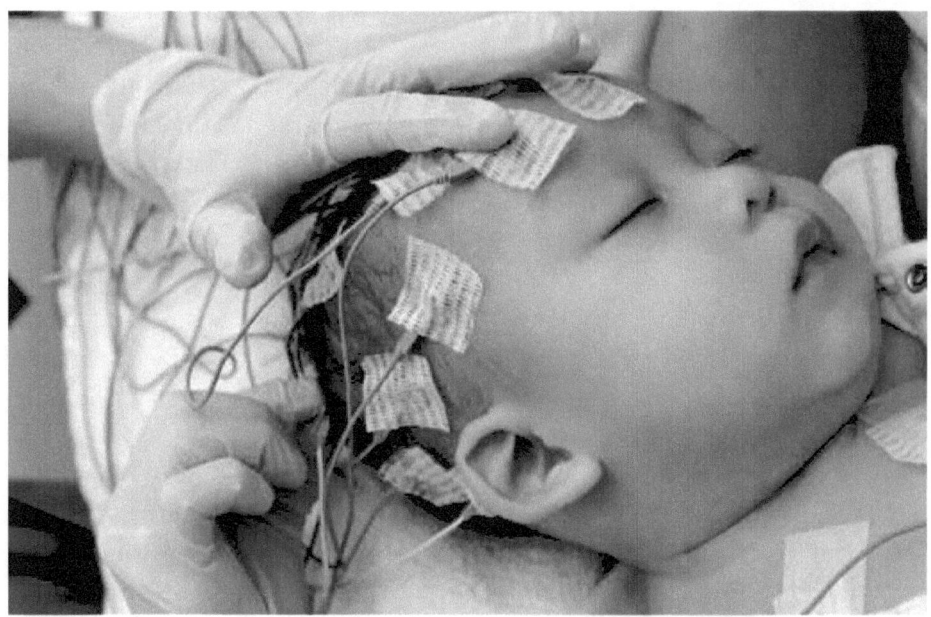

Imagen 2: Electrodos de EEG colocados en el cuero cabelludo de un niño.

El EEG con video suele requerir una hospitalización de 3 a 4 días o más, debido al equipamiento requerido, y para asegurar la seguridad del paciente ante la reducción o quita total de antiepilépticos. Antes de comenzar el estudio, el médico te armará una historia médica completay detallará los distintos tipos de episodios que hayas sufrido (por ej.: Episodio 1: mirada ausente que dura unos pocos minutos. Episodio 2: sacude piernas e inclina la cabeza hacia la izquierda mientras gruñe, etc.). Es posible que tu médico quiera hablar con los miembros de tu familia u otros que hayan presenciado las crisis para asegurarse de que la descripción del evento sea lo más detallada y específica posible. Algunos pacientes también traen filmaciones de los episodios en sus Smartphone, que también son muy útiles para el médico.

Idealmente, durante la EEG con video, los médicos podrán tomar todos tus episodios típicos para confirmar que cada uno de ellos es no epiléptico. Esto es importante porque algunas personas tienen de ambos tipos: entre el 5% y el 10% de los que tienen epilepsia sufren también CNEP. Si ese es el caso, se necesitarán dos tipos de tratamientos diferentes: uno para la epilepsia, y otro para las CNEP.

Es importante ser consciente de que, si se toman crisis no epilépticas durante el EEG con video, esto no es concluyente para descartar una epilepsia. Algunas crisis epilépticas no son fáciles de detectar por una máquina que registra electroencefalogramas durante el VEEG porque se producen en áreas pequeñas o profundas del cerebro donde pueden no ser registradas. Para fortalecer la certeza del diagnóstico, se deben registrar múltiples eventos "típicos", lo que puede prolongar tu internación o requerir más de una prueba estando hospitalizado. También se podrá requerir la presencia de más profesionales para contar con más consultas médicas ypsiquiátricas.

Otras Pruebas

Además del EEG con video, pueden ser necesarias otras pruebas adicionales para descartar enfermedades del corazón, accidentes cerebrovasculares, hipoglucemia, trastornos del sueño y otras enfermedades que pudieran ser el origen de tus problemas. Tus médicos tomarán esas decisiones basándose en tu historia clínica y en su buen juicio.

Mientras estés en el hospital, quizás te vea un *neuropsicólogo* (un Dr. en Psicología específicamente capacitado para evaluar el comportamiento del cerebro). Dado que las personas con epilepsia y CNEP pueden tener problemas de memoria, atención, del lenguaje y otros, el neuropsicólogo te realizará pruebas diseñadas para detectar cualquier cuestión que pueda estar afectando tu habilidad de pensar bien. Tus puntajes se compararán con los de otros del mismo género y grupo etario en busca de anomalías, y luego se discutirán contigo y con tu médico.

También podrá verte un psiquiatra o psicólogo, ya sea durante tu internación o poco después. Una entrevista extensa con un profesional de salud mental puede brindar información importante que puede ayudar a formular un diagnóstico. Se suelen ver problemas psicológicos como depresión y ansiedad en los que sufren de epilepsia o de CNEP. Si se realiza correctamente, esta entrevista puede establecer el trabajo preliminar para un tratamiento psicológico, una vez que el diagnóstico es confirmado. También puede ayudar al paciente a comenzar a comprender eventos importantes que le hayan   pasado.

¿Debería seguir tomando antiepilépticos si se confirmó que tengo CNEP?

Los fármacos antiepilépticos (FAE) a veces pueden tener efectos secundarios que molestan al paciente y afectan su calidad de vida. Además, los pacientes y su familia pueden sentirse confundidos sobre por qué el médico le sigue recetando antiepilépticos si el diagnóstico no es epilepsia sino CNEP.

Lo que a veces ocurre es que la epilepsia no está descartada totalmente; quizás todos los episodios que sufriste en el hospital durante el EEG con video fueron típicos –menos uno–, y entonces el médico sabe que todos los otros episodios fueron no epilépticos, pero no tiene una respuesta final sobre ese único evento. O, a veces, los antiepilépticos también se utilizan con fines psiquiátricos (por   ej.:

estabilización del estado de ánimo, reducción de la ansiedad, etc.) Por lo tanto, esto es algo que debes conversar más con el médico que prescribe la medicación.

Lo que puedes hacer para comenzar a ayudarte – Tu Registro de Episodios

Puedes tener un rol importante en promover un diagnóstico rápido y preciso de tu enfermedad y establecer un futuro tratamiento más eficaz llevando un registro cuidadoso de tus síntomas y compartiéndolo con tu médico. Consigue un anotador pequeño de tapa blanda, que puedas llevar contigo a todas partes para poder registrar allí tus episodios. Asegúrate de mantenerlo en un lugar seguro ya que lo que allí escribas será muy personal. Nota: utilizarás el mismo anotador en un futuro para otros ejercicios, así que asegúrate de que tenga muchas páginas.

Escribe el primer registro ni bien puedas, antes de que tengas otros episodios. Lo haces para familiarizarte con tus eventos no epilépticos, ya que comprender sus matices es clave. Cuando te sientas capaz, responde las siguientes preguntas:

- *¿Dónde estabas cuando comenzó el episodio?*
- *¿Qué ocurrió inmediatamente antes del episodio?*
- *¿En qué estabas pensando?*
- *¿Qué estabas sintiendo?*
- *¿Estabas/estás estresado por algo?* Ten en cuenta que el evento estresante puede no haber precedido inmediatamente el evento no epiléptico; puede ser un estrés en curso o del tipo que permanece en algún lugar de tu mente.

Cuando hayas terminado, tómate el tiempo de leer tus respuestas atentamente y buscar patrones o elementos comunes que puedan ser disparadores de tus episodios. Por ejemplo, puedes notar que tus episodios suelen ocurrir luego de un recuerdo desagradable o antes de ir a la consulta con tu médico.

Descubrir cuáles son los disparadores es totalmente esencial para la prevención y el tratamiento de las CNEP.

Ejemplo de un ingreso en el Registro de Episodios

Miriam, que no ha sufrido CNEP por varios meses, se tomó una semana de vacaciones en Cancún, México. Al día siguiente de regresar, experimentó una crisis no epiléptica. Ni bien finalizó, tomó su registro de episodios, se sentó, respiró profundamente un par de veces, y respondió lo siguiente:

- *¿Dónde estabas cuando comenzó el episodio?*
  En casa, después del trabajo.
- *¿Qué ocurrió inmediatamente antes delepisodio?*
  Nada en particular. Había llegado de Cancún la noche anterior, tuve un sueño horrible, y luego salí apurada por la mañana al trabajo. Esa noche, volví cansadísima del trabajo, y aproximadamente una hora después de llegar a casa, tuve el episodio.
- *¿En quéestabaspensando?*
  Cuando llegué al departamento después de trabajar y vi las valijas, comencé a pensar en lo costosas que fueron las vacaciones. Eso me hizo preocuparme en caso de perder mi empleo y si iba a ser capaz –o no– de costear el regreso a la universidad dentro de unos meses. Cuanto más pienso en eso, más me estreso. Y cuanto más intento no pensar en eso, más lo hago.
- *¿Qué estabas sintiendo?*
  Me sentía estresada, ansiosa, cansada, insatisfecha.
- *¿Estabas/estás estresado poralgo?*
  Sí, por mis finanzas y mi trabajo. También estaba cansada físicamente.

Analizar los registros

Mirando las respuestas de Miriam, es bastante claro que el origen de su episodio fue el estrés mental y físico. Ella pudo identificar los pensamientos y emociones que precedieron el evento, así como también un miedo específico con el que estaba luchando. También fue capaz de ver que no estaba pudiendo evitar ese miedo. Con esto claro, pudimos enfocarnos en estas preocupaciones en nuestra sesión, y en un abordaje eficaz para resolver el problema. Más adelante, Miriam novolvió a sufrir crisis.

En resumen, el registro de episodios se utiliza para documentar información importante para que tú y tu médico puedan "desarmar" los episodios e identificar los disparadores, pensamientos, emociones o cualquier otra cosa que pueda alimentarlos. Este es un lugar muy importante para comenzar.

¿Existe una cura para las CNEP?

Soy un poco cautelosa para decir que existe una cura para las CNEP, así como también evitaré decir que existen curas para muchos otros padecimientos psicológicos. Sin embargo, puedo decir, con seguridad, que es posible mejorar muchos de los síntomas asociados con las CNEP y, en una cantidad de gente, lograr una reducción notable o eliminación completa de los episodios psicógenos. El resultado dependerá mucho de tres factores principales: un diagnóstico pronto y preciso, un diagnóstico bien comunicado, y un tratamiento oportuno por un psicólogo y/o psiquiatra experto.

- *Diagnóstico pronto y preciso* – En el mejor de los escenarios, tu enfermedad será diagnosticada correctamente (basándose, en parte, en el EEG con video), y comenzarás un programa de tratamiento eficaz ni bien comiences a sufrir episodios. Lamentablemente, se suelen tardar unos siete años en llegar al diagnóstico correcto de CNEP. Diagnósticos incorrectos, tratamientos erróneos o la falta total de tratamiento puede agravar los síntomas, conducir a una enfermedad crónica, causar un sufrimiento innecesario, y reducir las oportunidades de eliminar completamente los episodios.
- *Diagnóstico bien comunicado* – La forma en que tu médico o el profesional de salud mental te comunican el diagnóstico es clave. Si la explicación es clara y respetuosa, podrás comprenderla, aceptarla como certera, y comprender totalmente las recomendaciones del tratamiento. Esto puede mejorar

muchísimo las chances de que cumplas con el tratamiento, lo que acelerará tu recuperación.

- *Tratamiento oportuno por un psicólogo y/o psiquiatra experto* – Dado que las CNEP corresponden a un trastorno psicológico, debe ser tratado por un profesional de salud mental.

    Desafortunadamente, existen pocos centros de epilepsia o neurólogos que diagnostiquen CNEP que tengan programas de tratamiento de las CNEP. Como resultado, muchos pacientes reciben recomendaciones vagas para buscar tratamientos en salud mental, y no reciben mayor orientación en el tema. Esto prolonga innecesariamente los tiempos del tratamiento.

Entonces, si bien es imposible predecir el resultado de cualquier enfermedad, al trabajar codo a codo con médicos competentes en epilepsia y profesionales de salud mental para lograr el diagnóstico correcto, identificando meticulosamente tus disparadores, y con el tratamiento adecuado, estarás en buen camino para asegurar un buen pronóstico.

CAPÍTULO 2

TRATAMIENTO PARA CRISIS
NO EPILÉPTICAS PSICÓGENAS

Como su nombre lo sugiere, las crisis no epilépticas psicógenas deberían tratarse con psicoterapia, pero dado que existen muchos tipos de tratamientos psicológicos y al menos tres tipos de profesionales de salud mental principales, puede ser difícil saber cuándo comenzar. Este capítulo describirá algunos de los tratamientos psicológicos estándar, explicará qué caracteriza a los distintos tipos de profesiones de salud mental y cómo puedes decidir cuál sería la más adecuada para ti.

Tratamientos psicológicos para CNEP: un breve resumen de varios tipos Suele referirse a la Psicoterapia como la "terapia de conversación". Los psicoterapeutas son profesionales objetivos, neutrales y no críticos, capacitados en una variedad de técnicas que fomentan la salud mental. Utilizan procedimientos/técnicas científicamente validados para ayudar a la gente a desarrollar hábitos más saludables y eficaces. En cada sesión de terapia, tú y tu psicoterapeuta trabajarán juntos para identificar y modificar los patrones de pensamiento y comportamiento que mantienen tus CNEP en juego. Una vez completado tu tratamiento, los síntomas que te llevaron allí deberían desaparecer –o reducirse enormemente–, y habrás aprendido nuevas habilidades para ayudarte a enfrentar los desafíos que surjan en el futuro.

Para tratar las CNEP, es necesario comprender con claridad qué es lo que alimenta tus episodios. Muchos factores diferentes pueden estar jugando roles importantes, lo que variará de una persona a otra.

Pueden incluir estrés y cómo lo manejas, ira, frustración, miedo, tristeza, traumas, y desinterés por los sentimientos. Como cada persona es única y la vida cambia constantemente, el tratamiento debe adaptarse al individuo y es probable que cambie con el tiempo.

Afortunadamente, existe una amplia variedad de terapias psicológicas que se pueden usar para ayudar a quienes tienen CNEP, incluidas técnicas interpersonales, psicodinámicas, técnicas cognitivo-conductuales, técnicas de concientización y más. Otra buena noticia es que se ha registrado una reducción significativa –o eliminación– de crisis en entre el 25% a 50% de los casos cuando se utilizaron una o más de estas técnicas.[4]

¿Qué pensarán si se enteran que veo a un terapeuta?

Es un poco misterioso: no lo pensarías dos veces si tuvieras que pedir ayuda profesional si te quiebras un hueso o te lastimas de gravedad. Pero para algunos, el tratamiento de problemas emocionales graves acarrea un estigma. Algunos te instarán a que te cures y pongas fuerza de voluntad. Pero esto es tan erróneo como pedirte que te sutures tu propia herida o que te enyeses un hueso. Solo porque tus heridas no sean visibles, no quiere decir que no existan.

Veamos más en detalle algunas de las terapias más utilizadas para las CNEP para descubrir cómo funcionan y a quién pueden beneficiar.

Terapia cognitivo-conductual (TCC)

La TCC se enfoca en tus pensamientos y comportamientos, y en cómo ambos pueden alimentar problemas psicológicos y dificultades sociales. La teoría detrás es que cómo PIENSES e INTERPRETES un evento afectará cómo te sientes y te comportas. Para ilustrarlo, a veces, los pensamientos que tienes sobre ti, otros o el mundo que te rodea pueden no ser

---

4 Bodde NM,Brooks JL,Baker GA,et al "Psychogenic non-epileptic seizures– diagnostic issues: a critical review"Clinneurolneurosurg2009Jan;111(1):1-9

totalmente lógicos o realistas (por ej.: "Conducir puede ser peligroso así que nunca aprenderé a conducir", o "No soy listo, así que nunca tendré éxito."). Tu comportamiento puede confirmar algunos de estos pensamientos ilógicos. Digamos que piensas, "Ir a la tienda es peligroso porque una vez me asaltaron." Cuanto más evites ir a la tienda, menos posibilidades tendrás de corregir ese miedo, y el miedo puede haberse extendido a que temas ir también a otros lugares. Una vez que tomes conciencia de tus pensamientos y te des cuenta de que algunos no son razonables o lógicos, podrás comenzar a cambiarlos. Esto, a su vez, puede cambiar la forma en que te sientes y tu consecuente comportamiento que, con el tiempo, producirá múltiples niveles de mejoras.

En la TCC, tu terapeuta te hará preguntas que te ayudarán a enfocarte en tus pensamientos y a descubrir la falsa lógica. Al cambiar estos pensamientos, tus sentimientos también cambiarán y, como resultado, lo hará tu comportamiento también. Recibirás herramientas de relajación, ejercicios, y quizás, algunas tareas para completar entre sesiones. La TCC se centra, principalmente, en el presente más que en buscar las causas de tus problemas en el pasado. Es un tratamiento de tiempo limitado, con fechas de comienzo y finalización, así que no dura para siempre. La TCC se suele usar para tratar la depresión, varios trastornos de ansiedad e insomnio.

Capacitación en inoculación de estrés

Este abordaje está basado en la idea de que se te puede "inmunizar" contra el estrés al igual que una vacuna te inmuniza contra una enfermedad. Las vacunas trabajan exponiéndote a un virus desactivado para que generes defensas contra ese virus. La inoculación de estrés te expone a pequeñas dosis de estrés, que te ayudan a desarrollar defensas contra estresores más grandes y a enfrentar mejor las situaciones estresantes.

La inoculación de estrés se compone de tres fases: educación, aprendizaje y uso de habilidades nuevas en la sesión de terapia, y práctica en situaciones de la vida real.

- Educación – Durante esta fase, aprenderás sobre el estrés y sus efectos, y qué estrategias de afrontamiento que estás utilizando – en general, inconscientemente– no son útiles o hasta pueden ser perjudiciales. Descubrirás cómo percibir amenazas y dificultades de una forma diferente, viéndolas como problemas a resolver. Y aprenderás cómo identificar problemas/situaciones que sí pueden modificarse versus aquellas que no. Probablemente tengas tareas y material de lectura.
- Aprendizaje y uso de habilidades nuevas en la sesión de terapia – Las herramientas que aprenderás durante esta fase pueden incluir estrategias para enfrentar el estrés, cómo mantener tus emociones en equilibrio, técnicas de relajación, formas de pensar sobre ciertas cosas de un modo diferente, y nuevas formas de socializar. También es posible que comiences a involucrarte en actividades nuevas y positivas. La práctica comenzará durante las sesiones con tu terapeuta, y continuará en situaciones de la vida real.
- Aplicación de la práctica – Luego, utilizarás tus herramientas de afrontamiento recientemente adquiridas en muchos escenarios que involucren distintos estresores. Los ejercicios de psicodrama practicados con el terapeuta durante las sesiones serán utilizados en la vida real. Te convertirás en un "científico", experimentando con comportamientos o actividades nuevos, haciendo un seguimiento de los resultados que obtienes, y ajustando tus comportamientos para que éstos sean aún mejores. También están previstas sesiones de seguimiento "de refuerzo".

Terapia de aceptación y compromiso (ACT)

La terapia de aceptación y compromiso se basa en aprender a "aceptar" emociones, ya sean placenteras o no. Un precepto básico es que evitar emociones negativas empeora las cosas: puede derivar en problemas no resueltos y en el uso de mecanismos de afrontamiento poco saludables, como el abuso de drogas o de alcohol. La ACT utiliza ejercicios de concientización (meditación), durante los que te enfocarás en los pensamientos y sentimientos aleatorios que fluyen en tu consciencia.

Algunos pueden ser placenteros o no, y probablemente quieras negarlos. Pero en lugar de juzgar esos pensamientos y sentimientos o intentar alejarlos, te mantendrás concentrado y observador. Al hacerlo, te darás la oportunidad de comprender. Una vez que hayas comprendido, voluntariamente podrás elegir un camino de acción. El terapeuta te brindará apoyo y te guiará en el proceso.

Por ejemplo, en el capítulo 1, conocimos el caso de Miriam, que se percató de su miedo a perder su trabajo y su arrepentimiento por haber gastado demasiado dinero, al sentarse a tomar conciencia y permitirse centrarse en sus pensamientos y sentimientos que surgían en su conciencia. Una vez que enfrentó esos sentimientos, en lugar de alejarlos, pudo analizarlos y comprenderlos, y comenzar a resolver el problema. Los ejercicios de respiración consciente y la meditación siempre son partes importantes de este tratamiento. La ACT puede usarse para tratar todo tipo de enfermedades psicológicas y diagnósticos. Muchas técnicas de ACT son incorporaciones al régimen cotidiano que valen la pena para casi todos.

Tratamiento psicodinámico

Esta teoría psicológica altamente compleja se basa en la idea de que los problemas emocionales surgen de experiencias en la primera infancia. El terapeuta suele ser menos activo y directivo que en los tratamientos mencionados previamente, aunque tú decidirás qué se tratará en cada sesión. Por medio de preguntas y comentarios, el terapeuta te ayudará a destapar tu inconsciente, tus motivaciones y mecanismos de defensa, a trabajar sobre tus conflictos, y a aumentar tu conocimiento sobre cómo funciona tu mente. El tratamiento es abierto, es decir que puede durar años o toda la vida.

El tratamiento psicodinámico se utiliza para todo tipo de enfermedades psicológicas, así como para abordar problemas existenciales como el significado de la vida, los cuestionamientos sobre tu camino profesional y otras elecciones de vida. Los tratamientos psicodinámicos abarcan un amplio rango desde del psicoanálisis tradicional freudiano a las teorías psicoanalíticas neofreudianas, tales como las desarrolladas por Jacques Lacan, Melanie Klein, Karen Horney, Harry Stack Sullivan y muchos otros. Sin embargo, es limitada la información científica sobre la eficacia de estas diferentes formas de tratamiento. Históricamente, Sigmund Freud, el "Padre del Psicoanálisis", trató pacientes que, según dicen, sufrían –aparentemente– trastornos de conversión. Aunque los resultados aparentemente fueron positivos (basados en sus registros), se ha discutido si éstos se sostuvieron –o no– en el tiempo. Freud expuso en uno de sus escritos que el psicoanálisis era apto para pacientes de inteligencia normal a extraordinaria, que tenían la capacidad de entendimiento. Dado que el análisis requiere una capacidad considerable de introspección, el pensamiento abstracto y la tolerancia a la frustración, este prerrequisito propuesto por Freud probablemente fue correcto.

Terapia (familiar) sistémica

Este tratamiento se basa en la idea de que cada uno de nosotros es parte de un sistema –parte de una familia así como de una sociedad como un todo–. Desde esta perspectiva, muchos problemas emocionales pueden verse como respuestas normales a un sistema anormal. Por ejemplo, si creciste en un hogar violento, quizás hayas aprendido a estar hiper vigilante ante las señales de peligro. O si tu esposo necesita constantemente sentirse importante y poderoso, quizás te hayas convertido en una esposa dócil y sumisa. Un problema agregado es que, cuanto más de estas "respuestas normales" tengas, más incentivo tiene la otra persona para continuar con sus comportamientos negativos. Se convierte en un patrónfijo.

La terapia sistémica está diseñada para producir cambios en toda la familia en lugar de simplemente en el individuo. Y aún si tu familia se rehúsa a comprometerse con la terapia, ésta puede ayudarte a realizar cambios en tus propios comportamientos que, eventualmente, traerán aparejados cambios en el sistema familiar. Por ejemplo, si eres una persona muy apacible que comienza a comportarse con más firmeza, con el tiempo, los que te rodean cambiarán sus comportamientos para ajustarse a tu reafirmación.

La terapia sistémica se utiliza en muchas enfermedades psicológicas, incluidos varios conflictos psiquiátricos graves como problemas graves de comportamiento y trastornos alimenticios. También se puede combinar con terapia individual, en cuyo caso puedes recibir terapia individual y familiar.

¿Qué tipo de terapia es la correcta para ti?

Como cada persona es única y tiene problemas diferentes, algunos tipos de terapia "encajarán" naturalmente mejor que otras. Por ejemplo, algunos se enfocan en la razón, con el propósito de realizar cambios en los procesos de pensamiento. Funciona con aquellos que se sienten cómodos analizando las cosas de modo racional. Otras terapias se enfocan en los sentimientos y usan técnicas especiales para provocar cambios emocionales positivos, que pueden ser útiles a los más sentimentales o enfocados en sus sentimientos.

Otras se concentran en la niñez y/o en la historia familiar, y realizan conexiones entre eventos del pasado y síntomas actuales. Estas pueden ser útiles para los que les gusta buscar claves en el pasado. También están las terapias "de acción" orientadas a los comportamientos, que pueden ser abordajes eficaces para los que les gusta "hacer" algo acerca del problema.

Por último, hay terapias que están diseñadas específicamente para ciertos tipos de trastornos psicológicos (por ej.: Desorden por estrés postraumático). Si sufres una de estos trastornos, tendría sentido que. recibas este tipo de tratamiento. Veremos estas terapias en detalle en el capítulo 3.

Si tu terapeuta lo cree apropiado, se pueden combinar dos o más tipos de terapias. Puede que escuches a tu terapeuta referirse a ellas como "terapias eclécticas". En nuestro programa de CNEP, solemos utilizar una combinación de tratamientos adaptados a las necesidades del individuo.

Qué psicoterapia podría ser buena para ti

No importa qué tipo de terapia elijas, debería ayudarte a:
Comprenderel trastorno – Aprender cómo los eventos de tu vida contribuyeron a tus CNEP y qué rol jugaron para condicionar quién eres hoy. Para muchos, solo el hecho de descubrir que su particular combinación de síntomas tiene un nombre puede tener un efecto sanador muy poderoso. Es un alivio darse cuenta de que no estás solo o "loco", y que ese grupo extraño de síntomas tiene sentido desde una perspectiva histórica y neurológica.

Estabilizar tu vida y establecer límites saludables – La psicoterapia ayuda a erigir límites saludables para evitar que los otros te hieran físicamente o que pisoteen tus derechos, y ayuda a desarrollar nuevas estrategias de afrontamiento para que puedas evitar depender de comportamientos o sustancias inútiles para seguir adelante.

Atacar el ciclo de preocupación y miedo – La preocupación y el miedo mantienen el despertar físico y emocional que promueve las CNEP. Es importante que aprendas a controlarte para poder trabajar ininterrumpidamente en los temas necesarios sin abrumarte. Con tu terapeuta, cuestionarás y reconsiderarás cómo ves el mundo actualmente, mientras aprendes técnicas para controlar tu ansiedad, y comportamientos nuevos que te ayudarán a vivir más intensamente.

¿Cómo encontrar el terapeuta "correcto"?

Lo ideal sería, por supuesto, un terapeuta que esté familiarizado con el diagnóstico de CNEP. Pero si no es posible encontrarlo, el terapeuta que elijas deberá, al menos, tener mucho conocimiento en el diagnóstico de trastornos psicológicos generales, ser conocedor de las teorías de varias formas de terapia, y ser hábil en el uso de técnicas terapéuticas. Además, es necesario que esté dispuesto y abierto a aprender sobre CNEP.

Existen tres tipos principales de profesionales de salud mental que pueden ayudarte a afrontar tus CNEP: psicólogos, psiquiatras y asistentes sociales, y cada uno puede brindar diferentes tipos de ayuda. Posiblemente debas tratarte con los tres para abordar las distintas facetas de tu enfermedad(es). Sé consciente de que aunque los tres realizan psicoterapia, en general la llevan a cabo los psicólogos y los asistentes sociales.

Una breve descripción de qué debes esperar de cada uno de estos profesionales debería ayudarte a reducir tu búsqueda para encontrar al "correcto".

Para mayor información sobre cómo encontrar un terapeuta, ver "Cómo encontrar un Profesional de Salud Mental" en la Sección de Recursos, al final del libro.

Psicólogos

Los psicólogos son licenciados (Dr. / Estudios avanzados en Psicología) en Psicología. En los Estados Unidos, el título de "psicólogo" solo se le otorga a quien finalizó un doctorado en Psicología y una residencia clínica, y tiene una licencia estatal en Psicología. Se especializan en la evaluación y tratamiento de trastornos psicológicos, y suelen brindar lo que se conoce como "terapia de conversación". La mayoría de los psicólogos también están capacitados en investigación, y pueden combinar el trabajo clínico con la investigación científica, ayudando a ampliar y refinar lo que conocemos como trastornos mentales.

Las subespecialidades de Psicología incluyen la Neuropsicología (que a su vez incluye un énfasis en asociaciones entre mente y cerebro, muy pertinentes a las CNEP), así como Psicología Infantil y Del Adolescente (adecuadas si el paciente es un menor). Los pacientes con CNEP estarán mejor atendidos si los trata un psicólogo familiarizado con las CNEP (lo que no es tan fácil de encontrar) o, al menos, uno experto en los efectos y tratamientos de traumas y PTsD, dado que los traumas también suelen ser parte de la historia.

Psiquiatras

Los psiquiatras son médicos especializados en el diagnóstico y tratamiento de trastornos psicológicos tales como depresión, ansiedad y psicosis, y pueden recetar medicamentos psiquiátricos. Existen varias subespecialidades psiquiátricas entre las que se encuentran la Infantil y Del Adolescente, la Geriátrica, y la Neuropsiquiatría (médicos que se han especializado tanto en Neurología como en Psiquiatría).

Dado que las CNEP abarcan tanto la Neurología como la Psiquiatría, si es necesario recetar medicación, suelo recomendar al paciente que consulte con un neuropsiquiatra. Si el paciente es un niño o un anciano, es preferible que el médico sea especialista en ese grupo etario ya que puede haber variaciones en las opciones de medicación y otros factores que dependen de la edad delpaciente.

No todos los que sufren CNEP necesitarán tomar medicación; esto lo evaluará tu terapeuta tratante y lo decidirás tú. Sin embargo, cuando el sufrimiento emocional es extremo y tu calidad de vida y tu seguridad están en riesgo, la medicación deberá ser parte de tu tratamiento.

Nota: Debes consultar a un psiquiatra siempre y cuando tus síntomas emocionales sean significativos y tengan un impacto negativo en tu capacidad de funcionar. No hay razón para sufrir innecesariamente cuando existe una medicación que te puede ayudar. Si tus síntomas psiquiátricos son graves (por ej.: depresión profunda, psicosis), los medicamentos psiquiátricos deberán ser parte de tu tratamiento para que puedas mejorar. El mejor abordaje suele ser una combinación de psicoterapia y medicación. Por ejemplo, aliviar tus síntomas depresivos a través de medicación te permitirá obtener resultados en tu psicoterapia más rápido. Una vez que tu depresión cese, tendrás más energía y esperanza, lo que te permitirá trabajar más activamente hacia tu mejora.

Asistentes sociales

El asistente social está graduado en Trabajo Social de una universidad autorizada.

Existen dos tipos de asistentes sociales: los licenciados en Trabajo Social y los licenciados clínicos en Trabajo Social (LSW y LCSW por sus siglas en inglés, respectivamente). Un LSW tiene una licenciatura en Trabajo Social, mientras que un LCSW tiene una Maestría. Ambos requieren una matriculación a través de una evaluación estatal, y ambos se concentran en mejorar los aspectos sociales, emocionales y mentales de tu vida a través del contacto directo (psicoterapia) y/o gestoría social (por ej.: administración de casos, coordinación de servicios y capacitación laboral). Dado que las CNEP, en su peor momento, pueden ser incapacitantes (causando desempleo, pérdida del permiso para conducir, etc.), puedes necesitar un asistente social que te ayude a coordinar servicios y recursos tales como el transporte, y te ayude con los seguros y la vivienda

Fuentes de derivación

Todo el que sufre de CNEP necesitará psicoterapia ("terapia de conversación") para tratar los problemas emocionales que subyacen estas enfermedades. Sin la psicoterapia adecuada, recuperarse de las CNEP llevará mucho más tiempo, y quizás nunca ocurra. Los problemas crónicos pueden terminar siendo parte de tu vida y de la de los que te rodean, si esta enfermedad no se trata adecuadamente.

El tipo de profesional que consultes dependerá de su accesibilidad y de la cobertura de tu seguro médico. Dicho esto, existen muchas fuentes que pueden serte útiles al buscar un profesional de salud mental calificado:

- El médico que te diagnosticó CNEP– Tu médico debería ser capaz de derivarte a colegas (psicólogos, psiquiatras y asistentes sociales) que estén familiarizados con el diagnóstico y las opciones de tratamiento.
- La fundación para la epilepsia de tu zona– Esta organización independiente sin fines de lucro puede derivarte a profesionales de salud mental conocidos por su trabajo con CNEP.

- Sitios Web de CNEP – En mi sitio Web (www.nonepilepticseizures.com/epilepsy-psychogenic-NES information-referral-sites.php) hay una lista de profesionales de salud mental que trabajan con CNEP a quienes conozco personalmente y cuyo trabajo valoro. Esta lista es corta, en la que solo están representados siete estados, pero es un buen lugar para comenzar.

Para información más detallada sobre cómo buscar profesionales tratantes, por favor, ver la sección Recursos para Crisis No Epilépticas Psicógenas al final de este libro.

Elementos de un buen paciente – Pareja terapéutica

La relación entre tú y tu terapeuta será extremadamente personal y privada. Compartirás con él/ella tus sentimientos, pensamientos, síntomas, y recuerdos más íntimos, y más; cosas que quizás nunca compartiste con nadie. Dado que la terapia requiere esta profundidad de comunicación, es de extrema importancia que haya una buena química entre los dos. Por supuesto, solo podrás darte cuenta de esto después de reunirte con el terapeuta en una o más oportunidades.

Hay varias cosas a considerar al evaluar la química entre tú y tu terapeuta:

- ¿Cómo te sientes respecto al género, edad, etnia, orientación sexual, estilo de personalidad y otras características personales de tu terapeuta? No te preocupes por ser políticamente correcto. Necesitarás abrirte a esta persona y sentirte seguro y comprendido. Si crees que te sentirás mejor con una terapeuta mujer o más joven, o que tiene un abordaje más suave y estas razones son importantes para ti, entonces esa es la dirección que debes tomar. No es necesario explicarle nada anadie.
- ¿Cuál fue la actitud del terapeuta al hablar por teléfono y durante la/s primera/s sesión/es?
  ¿Te sentiste escuchado? ¿Te sentiste comprendido? ¿El terapeuta te prestó atención y siguió tu historia? ¿Sentiste que podrías llegar a

compartir sentimientos más profundos y te seguirías sintiendo cómodo?

- ¿Cómo trabaja el terapeuta?

  ¿Es psicodinámico, mientras que a ti te gusta centrarte en la acción y no pensar demasiado las cosas? ¿O viceversa? Esto puede afectar negativamente la química entre ustedes dos.

- ¿El terapeuta fue respetuoso y se tomó el tiempo de explicarte las cosas y responder tus preguntas?

  ¿Entiendes qué es lo que harán durante el tratamiento?

Si algo no se siente "correcto" en la relación con tu terapeuta, o si no sientes que hay una buena conexión, siéntete libre de mencionarlo durante la sesión. Y si aún no estás satisfecho, continúa buscando el "correcto".

Curarse y avanzar

Las sesiones de psicoterapia son distintas de la mayoría de las otras consultas que hayas hecho a otro médico. Requieren mucho de ti: trabajo duro, enfrentar temas duros, regularidad, completar los ejercicios, y participar activamente en las sesiones. Tu compromiso para mejorar es una parte grande del tratamiento; el apoyo inquebrantable y la guía hábil de tu psicoterapeuta es otra. Te ayudará a llegar a la línea final recordando que, con la terapia correcta, una fuerte motivación, y el apoyo de los otros, tus CNEP pueden   mejorar.

CAPÍTULO 3

EL ROL DE LOS TRAUMAS PSICOLÓGICOS EN LAS CNEP

La experiencia no es lo que te ocurre a ti. Es lo que tú haces con lo que te ocurre.

Aldous Huxley

Se estima que hasta un 90% de los que sufren CNEP tienen una historia de trauma psicológico[5] Más específicamente, un análisis de 17 estudios sobre las CNEP, realizado en 2004, encontró que entre el 44% y el 100% de los pacientes con CNEP ha sufrido alguna forma de trauma general, mientras que entre el 23% y el 77% tuvieron una historia de abuso físico o sexual[6]. Un estudio reciente conducido por nuestro propio grupo descubrió que casi el 74% de nuestra muestra sufrió, en algún momento, alguna forma de trauma[7] Es claro que hay una conexión significativa entre los traumas y las CNEP.

---

5 Reuber, M "Psychogenic non epileptic seizures: answers and questions" *epilepsy behav* 2008 May; 12(4): 622-35

6 Fiszman A, Alves-Leon SV, Nunes RG, et al Traumatic events and posttraumatic stress disorder in patients with psychogenic nonepileptic seizures: a critical review *epilepsy behav* 2004 Dec;5(6):818-25

7 Myers L, Perrine K, Lancman M, Fleming M, Lancman M "Psychological trauma in patients with psychogenic nonepileptic seizures: Trauma characteristics and those who develop PTSD" *epilepsy behav* 2013 July;28(1):121-26

CNEP sin trauma

Antes de continuar una discusión sobre la asociación entre los traumas y las CNEP, es importante mencionar a un grupo de pacientes que *no* está representado en este capítulo –el del 10% al 20% aprox. de los que fueron diagnosticados con CNEP pero que nunca experimentaron ningún trauma importante. ¿Cómo desarrollaron esta enfermedad? ¿Y por qué?

Aunque no tengo datos empíricos para explicar esto, sí tengo algunas observaciones e ideas. Puede ser que el individuo no haya identificado correctamente ciertos eventos traumáticos. Por ejemplo, puede haber pensado que los únicos tipos de trauma son el abuso sexual o físico, ignorando otros, como participar en un accidente automovilístico grave o que te intimiden en la escuela.

O quizás reprimió ciertos recuerdos. Una vez tuve un paciente que negaba haber experimentado trauma alguno. Luego, mucho después, ¡recordó que había estado en las Torres Gemelas el 11/09 y que había sido una de esos sobrevivientes cubiertos de polvillo!

También, otra explicación que podría ser adecuada para algunos es la del término francés "surmenage," traducida comúnmente como "trabajo excesivo" o "agotamiento mental". En general, la vida no se desploma de golpe como un tsunami, sino que presenta desafíos implacables que golpean constantemente como peque   ñas olas. Las obligaciones,   las tareas interminables, las expectativas sociales, y la acumulación de una sobre otra, una y otra vez. Una persona puede haber estado luchando para mantenerse a flote durante un tiempo, experimentando una erosión gradual de su resistencia. Quizás tampoco haya una fuerte red social. Eventualmente, le resulta imposible continuar, y poco después aparecen las CNEP. Este proceso es parecido a la "fractura por sobrecarga", cuando un hueso se fractura por un uso excesivo.

Evidentemente, necesitamos investigar más para poder comprender la aparición de las CNEP en personas sin traumas identificables

"Trauma" es la palabra griega para "herida". Puede tener dos formas: *física*, en la que hay daño en los tejidos corporales, y *psicológica*, en las que experiencias muy angustiantes causan shocks emocionales graves que pueden derivar en efectos psicológicos perdurables. Los traumas psicológicos, por lo tanto, son "heridas emocionales

Si bien toda forma de trauma existe por sí misma, el trauma físico puede derivar –y, en general, lo hace– en traumas psicológicos. Estas "heridas emocionales" pueden sobrevivir a las físicas y causar daños significativos a largo plazo a la salud o al desarrollo psicológico del individuo. Suelen derivar en problemas emocionales / psicológicos que pueden alimentar las CNEP.

Imagen 3:Efectos de un trauma pasado persiste en la adultez

Fuentes comunes de traumas psicológicos

Cuando has experimentado un trauma físico, los resultados son, en general, obvios: una pierna quebrada, un moretón o un brazo esquinzado son evidentes para todos. El trauma psicológico, por otro lado, es "invisible", y probablemente los otros ni se den cuenta porque tu aspecto es "normal". Aun así, has sido expuesto a algo terrible que te hizo sentir extremadamente asustado e indefenso, y ya no volverás a sentirte seguro. Luchas contra recuerdos aterradores y sientes constantemente que estás en peligro. O quizás te sientes adormecido, desconectado del mundo, y desconfiado de los que te rodean. De cualquier manera, tu sentido de seguridad se ha hecho añicos; te sientes vulnerable y te comportas como si el mundo fuera un lugar peligroso.

Existen muchas fuentes de trauma psicológico, algunas incluyen un trauma físico, otros afectan solo la mente. Puede surgir de un evento único (por ej.: una violación, un accidente de auto) o de una situación de larga data (por ej.: abuso crónico verbal y psicológico, abuso sexual o físico durante la infancia). Es importante notar, sin embargo, que lo que traumatiza a una persona puede no afectarle a otra. Tu mejor amigo, por ejemplo, puede sentirse totalmente descarriado por la ruptura de una relación importante, mientras que tú, en una situación similar, solo la atraviesas y ya. No es el evento lo que importa: son las experiencias emocionales subjetivas de la persona y su respuesta.

Dicho esto, algunas de las fuentes más comunes de trauma psicológico incluyen:

- experiencias en el campo de batalla
- ser intimidado repetidamente
- ser víctima de un accidente, crimen o tortura
- abuso físico o sexual o abandono
- contraer una enfermedad mortal, u otra
- fallecimiento de un ser querido (especialmente, de un niño)
- divorcio o ruptura de una relación importante
- heridas físicas

- inestabilidad en la infancia (múltiples hogares de cuidado transitorio, estado de refugiado)
- catástrofes naturales
- rechazo por parte de la familia o de la sociedad
- presenciar el sufrimiento o la muerte de un padre o de un ser querido

Cuando los síntomas se desarrollan después de un trauma psicológico –incluidas pesadillas, flashbacks, perturbación emocional, sobresaltos intensos, tensión, y evasión de cualquier cosa que pueda actuar como recordatorio del trauma–, se refiere a estos síntomas en conjunto como *desórdenes por estrés postraumático* o *PTsD.*

Desorden por estrés postraumático (PTSD)

En la infancia de Samantha hubo mucha violencia. Todas las semanas, presenciaba al padre golpear a su madre sin piedad –y en varias oportunidades casi la mata–. También golpeaba a Samantha y a sus hermanos con frecuencia, aun ya adultos, siempre que osaban disentir con él o que intentaban intervenir.

Durante nuestra entrevista inicial, describió sufrir pesadillas y recuerdos de golpizas que constantemente intentaba olvidar. Cualquier conversación sobre violencia o golpizas disparaba fuertes reacciones fisiológicas en ella. Para protegerse, evitaba compulsivamente las noticias sobre violencia doméstica, y hasta dejó de ver las noticias en la TV. A pesar de todos sus esfuerzos, los recuerdos tendían a surgir en su mente cuando menos lo esperaba. Cuando se le preguntó si había tenido respuestas de sobresalto, me miró con incredulidad y dijo que casi "se moría del susto" cuando alguien se le acercaba silenciosamente. También describió sentimientos constantes de tensión y de estar excesivamente atenta a las reacciones de los demás, como si estuviera "tanteando el terreno" para ver si éstos estaban tristes o enojados por algo.

El PTSD es un trastorno de ansiedad que surge en algunos que han experimentado o presenciado un evento peligroso o aterrador; en algunos casos, durante este evento, quizás temieron por su vida.

Cuando una persona atraviesa una experiencia extremadamente triste, es natural que se sienta asustada y abrumada, e intentar lidiar con el shock negando, diciendo cosas como, "Esto no puede haber sucedido", o "Debo volver a mi vida normal". A veces, se hace uso del alcohol o las drogas para bloquear malos sentimientos, pensamientos perturbadores y la sensación de que el evento continúa ocurriendo.

El PTSD también puede surgir al presenciar el abuso de otro, especialmente de un ser querido, lo que puede ser tan traumático como sufrirlo directamente. Puede haber sentimientos intensos de miedo, ira, impotencia, angustia, y culpa, especialmente culpa del sobreviviente.

El miedo es una respuesta natural al peligro y dispara muchos cambios instantáneos que preparan al cuerpo para defenderse del peligro o para evitarlo. Esto es parte de una reacción saludable de "lucha o huida" que el cuerpo arma para protegerse del daño. En el PTSD, sin embargo, esta reacción se ve alterada y dura mucho más de lo que debería. Los sentimientos de miedo y estrés y los intentos desesperados por evitar el peligro (aunque éste ya no esté presente) persisten y afectan gravemente la vida del individuo.

Síntomas de PTSD

El PTSD está conformado por varios síntomas, tanto psicológicos como físicos, que pueden dividirse en cuatro grupos principales:

- *síntomas intrusivos* – una re-experimentación de los eventos traumáticos parecen irrumpir en la vida y conciencia de una persona, interfiriendo en sus rutinas diarias. Entre ellas, pesadillas, flashbacks, recuerdos perturbadores y pensamientos aterradores.
- *síntomas de evasión* – el bloqueo activo de cualquier cosa que recuerde la experiencia que pueda modificar las rutinas normales del individuo. Entre ellas, sentirse perturbado, alejarse de ciertos eventos o lugares que recuerden la experiencia, y tener dificultad para recordar el evento doloroso.
- *síntomas de hipervigilancia* – una tendencia a estar en estado

hiperalerta, con síntomas como sobresaltos intensos, comportamiento imprudente, irritabilidad, problemas para dormir, ataques de ira, y sobre consciencia del entorno todo el tiempo.

- *estado de ánimo y pensamientos negativos* – cambios negativos en la autoestima y la imagen. El individuo puede sentirse "dañado" o "cambiado para siempre". Puede tener pensamientos y sentimientos depresivos y cínicos tales como "No tengo futuro", "Nada de lo que hago cambiará las cosas", o "Ya no puedo confiar en nadie". También pueden sentir que su vida se truncó y que no hay por qué planear para un futuro lejano ("Siento que moriré joven").

Si bien es natural para quien atravesó una experiencia traumática sufrir algunos de estos síntomas, aquellos con PTsD los sufrirán por un periodo de tiempo mayor. Así, para distinguir entre ambos y diagnosticar un PTsD8, deben presentarse al menos durante un mes:

- Uno o más síntomas intrusivos
- Tres o más síntomas de evasión
- Uno o más síntomas de hipervigilancia
- Tres o más cambios negativos de estado de ánimo ypensamientos
- Síntomas que molesten en la vida cotidiana y dificulte al individuo continuar con sus rutinas normales.

Aunque los síntomas deban presentarse por al menos un mes para evaluar un PTsD, no existe límite de tiempo para su primera aparición. Algunos desarrollan PTsD años después de un evento traumático, quizás cuando una experiencia dolorosa actual actúa como "recordatorio" y despierta problemas pasados. O puede ser que un estrés intenso afecte el equilibrio emocional de la persona y dispare síntomas atados al trauma.

---

8 National Institute of Mental Health website, "Post Traumatic Stress Disorder (PTSD)" http://wwwnimhnihgov/health/publications/post-traumatic-stress-disorder-ptsd/ what-is-post-traumatic-stress-disorder-or-ptsdshtml (accessed 31 May 2013)

Cambios en el cerebro

Investigaciones del PTSD realizadas por neurólogos y neuropsicólogos muestran que experiencias (traumas) intensamente negativas y prolongadas pueden, literalmente, transformar el cerebro. El centro de la emoción (el sistema límbico) se activa, lo que puede explicar los síntomas de miedo y vigilancia agudizados. Dado que los "centros de los recuerdos" están ubicados cerca del sistema límbico, también puede ser la razón de los recuerdos emocionales intensos y de lapsus en otros. La corteza prefrontal, que juega un rol importante en la resolución de problemas, el control de las emociones y la toma de decisiones, puede parecer "desactivada", lo que posiblemente explique por qué la resolución de problemas racionales y el control emocional se suele ver disminuido en pacientes con PTsD.

También se especula con que puede haber una actividad disminuida en el hemisferio izquierdo –el área utilizada para el procesamiento del habla en la mayoría de las personas–, lo que explicaría por qué a aquellos con PTsD puede costarles encontrar las palabras correctas al hablar. Además, existen registros de estructuras de memoria más pequeñas del lado del cerebro usado para almacenar recuerdos verbales (en lugar de imágenes visuales), una razón posible de que haya habido registros de que los que sufren PTsD pueden recordar cosas que han visto mejor que las que han oído.

Por último, muchas personas con PTSD tienen niveles mayores de ciertas hormonas del estrés que afectan la respuesta de lucha o huida, elevando la frecuencia cardíaca, aumentando el flujo sanguíneo, los niveles de glucosa en sangre, y la probabilidad de sentirse "en estado de pánico".

Por qué algunas personas sufren PTSD y otras, no

Algunas personas reaccionan saludablemente a experiencias traumáticas de forma natural: las analizan y hablan de ellas continuamente durante un tiempo, lo que les permite a sus mentes "encontrarle la vuelta" al evento. Una vez que la mente completa este proceso, el recuerdo del evento puede almacenarse de forma segura en la memoria a largo plazo y llamado a voluntad, en lugar de que salga a la superficie inesperadamente (por favor, vean que esto ocurre de forma natural y espontánea en la persona que experimentó el trauma. No se recomienda forzar a alguien a hablar sobre el trauma antes de que esté listo para hacerlo) Cuando una persona tiene un sistema de apoyo fuera y puede sentirse a salvo mientras procesa la experiencia traumática, el resultado psicológico suele ser mucho mejor.

Pero, a veces, un evento es tan increíblemente espantoso (como en una violación) que la persona lo único que puede hacer es alejarlo de sus pensamientos. Quizás no haya tiempo para detenerse y pensar (en una zona de guerra, por ejemplo), o esté prohibido expresarse (en el caso de un incesto), o la persona sea tan joven y mentalmente inmadura que no pueda analizarlo. Los resultados pueden ser "heridas abiertas" y recuerdos vagos. Estos fragmentos de recuerdos quedan "sin almacenar" en las "carpetas" de los recuerdos, y pueden salir a la superficie cuando menos se lo espera. Una mente traumatizada no tiene conexiones parejas entre sus tantos recuerdos; en cambio, tiene cortes y separaciones.

El rol del PTSD en las CNEP

El trauma psicológico establece el terreno para muchos problemas, incluyendo el PTSD y las CNEP. Funciona así: los que sufrieron un trauma brutal y/o repetido pueden llegar a utilizar un mecanismo de defensa llamado disociación. En la disociación, el estado de consciencia se ve alterado y la mente está presente solo parcialmente. Así, durante un episodio disociativo, quizás tu cuerpo se mueva y estés vocalizando, pero no tendrás control total sobre nada de eso. Muchos episodios no epilépticos psicógenos parecen ser de naturaleza disociativa.

El trauma puede crear lo que se llama "camino de disociación", facilitando que la mente "vaya calle abajo" al estar bajo estrés. Como el trauma suele estar tan presente en las historias de los pacientes con CNEP, existe una superposición considerable entre las CNEP y el PTsD: muchos tienen ambos diagnósticos. Y aun para los que no han desarrollado PTSD en estado avanzado, si ha ocurrido un trauma psicológico, puede ser una contribución significativa para las   CNEP.

Tratamientos para el desorden por estrés postraumático (PTSD)
Mi opinión es que el curso de tratamiento adecuado cuando alguien recibe un doble diagnóstico de CNEP y PTsD es atacar los síntomas del PTsD primero, ya que éste es extremadamente tóxico y muy probablemente presente un obstáculo a otros focos de tratamiento. Existen varios tratamientos empíricamente reconocidos para el PTsD, incluida la terapia de procesamiento cognitivo (TPC), la terapia de exposición prolongada (EP), la desensibilización y reprocesamiento por movimientos oculares (EMDR, por sus siglas en inglés), y la terapia dialéctica conductual (TDC).

Terapia de procesamiento cognitivo (TPC)
La TPC es un tipo de terapia de procesamiento cognitivo que, tal como se describe en el capítulo 2, se enfoca en cómo tus pensamientos afectan tus comportamientos y emociones, y viceversa. La TPC precisa los pensamientos, las emociones y los comportamientos problemáticos específicamente asociados al PTsD. Tú y tu terapeuta trabajan juntos para cambiar los procesos de pensamiento y los comportamientos que mantienen activos tus PTsD. La TPC suele llevar unas doce sesiones y cuenta con cuatro pasos:

- conocer los síntomas del PTSD y comprender el proceso del tratamiento
- comprender tus pensamientos y sentimientos
- adquirir herramientas que te ayudarán a cuestionar tus pensamientos dañinos sobre el trauma y a ganar control sobre ellos
- examinar tus creencias sobre la vida y después del trauma, y cambiar algunos para mejorar

Durante el tratamiento, trabajarás codo a codo con el terapeuta capacitado en TPC. Con la guía adecuada, podrás practicar comportamientos nuevos y actividades fuera del consultorio, que quizás estuviste evitando porque te generaban ansiedad. Por ejemplo, quizás evitaste ir a la tienda solo porque te asaltaron fuera de una. Con tu terapeuta, crearás una lista de situaciones que te producen ansiedad, de menor a mayor (por ej.: caminar solo alrededor de tu patio, dar solo la vuelta a la manzana, ir a la tienda con alguien, y, por último, ir a la tienda solo) Luego, con su apoyo, harás estas cosas. A través de estas sesiones de práctica, eventualmente te darás cuenta de que muchos de tus miedos eran infundados, y que puedes superar tu ansiedad. El trauma y sus síntomas resultantes perderán fuerza, y podrás controlarlos mejor.

La TPC se usa específicamente para el tratamiento del PTsD, así que, si solo te han diagnosticado CNEP, esta terapia no es para ti.

Terapia de exposición prolongada (EP)

Siendo uno de los tratamientos más eficaces para los síntomas del PTSD, la terapia de exposición prolongada (EP) se basa en la lógica de que evitar situaciones mantiene el PTsD vivo, por lo que se debe contratacar con la exposición (confrontación). El tratamiento implica la exposición repetida durante un periodo de entre 12 y 15 semanas al episodio traumático más terrible y evocador que hayas vivido. Durante la primera sesión, identificarás la experiencia traumática y aprenderás todo acerca del proceso del tratamiento. En las sesiones siguientes, aprenderás sobre los PTSD y continuarás discutiendo el trauma y repitiendo tus recuerdos más traumáticos. La lógica es que si eres capaz de confrontar el evento más terrible que hayas vivido, esto creará un efecto de "ola" que te ayudará a confrontar y resolver los eventos más pequeños que te producen ansiedad.

El terapeuta te enseñará técnicas de relajación para utilizar fuera de la terapia, que te ayudarán a controlar tu ansiedad. También harás tus ejercicios de respiración tres veces por día, sin importar cuáles sean tus niveles de ansiedad. Además, practicarás hacer cosas o ir a lugares que has estado evitando (ya sea porque te recuerdan al trauma o porque son consecuencia de una depresión asociada al PTSD). La "tarea para el hogar" se te asignará semanalmente, e incluye escuchar audios grabados en cada sesión cuando vuelves a contar el trauma. Todas las semanas, traerás la grabación de la sesión anterior y grabarás una nueva de ese día. La exposición sistemática al trauma en un ambiente terapéutico seguro, combinado con herramientas de relajación, ayudarán a que los recuerdos traumáticos pierdan fuerza y permitirán que tu cerebro finalmente los almacene. La EP solo es adecuada para los PTsD y solo puede ser llevada a cabo por un terapeuta capacitado formalmente en este tipo de tratamiento. No se utiliza para tratar experiencias desagradables o tristes que no desarrollaron en PTsD.

Aunque esta forma de terapia puede parecer extrema, es importante recordar que los recuerdos no pueden dañarte; al enfrentarlos, puedes controlarlos. Las tasas de éxito vistas con este tratamiento son un poderoso argumento en su favor.

Desensibilización y reprocesamiento por movimientos oculares (EMDR)

La desensibilización y reprocesamiento por movimientos oculares es una combinación de abordajes utilizados en la TCC (exposición, técnicas de relajación, reprocesamiento de recuerdos), más ejercicios específicos de movimientos de ojos. Una de las partes más inusuales de este tratamiento implica mover tus dedos frente a tu rostro o golpear en alguna parte de tu cuerpo mientras se presentan imágenes y pensamientos traumáticos. Según esta teoría, al presentar simultáneamente recuerdos traumáticos y reacciones fisiológicas fragmentados, y activar ambos hemisferios del cerebro al mismo tiempo (al alternar los golpeteos o los movimientos oculares de un lado al otro), los recuerdos traumáticos se integran y, eventualmente, causan menos angustia. Luego pueden ser almacenados en el cerebro.

La teoría es un poco complicada y hasta puede parecer de ciencia ficción. Sin embargo, el tratamiento ha sido validado científicamente en forma repetida. Se cree que recordar situaciones traumáticas en un ambiente seguro mientras se activan procesos cerebrales le permite al cerebro re-procesar las experiencias dañinas y asociarlas con experiencias seguras.

La EMDR se utiliza para tratar ansiedad, estrés, trauma y, específicamente, PTSD –un número de estudios han encontrado que es eficaz para esta enfermedad solo puede practicarla un terapeuta especialmente capacitado en este tipo de tratamiento.

¿Los medicamentos son útiles para el tratamiento del PTSD?

La medicación psiquiátrica puede no solo ser útil sino necesaria en el tratamiento del PTSD. Actualmente, la Administración de Drogas y Alimentos de los Estados Unidos (FDA, por sus siglas en inglés) ha aprobado ciertos inhibidores selectivos de la recaptación de serotonina (ISRS) que comúnmente se consideraban antidepresivos, para tratar adultos con PTSD. Estos incluyen sertralina (Zoloft) y paroxetina (Paxil). A veces también se utilizan otros antidepresivos, aunque no estén aprobados por la FDA pare este uso específico. Estos medicamentos pueden ayudar a controlar los síntomas de tristeza, preocupación, ira y perturbación. También pueden recetarse otros medicamentos para tratar síntomas de ansiedad, estabilizar el estado de ánimo, mejorar el sueño y disminuir las pesadillas.

Terapia dialéctica conductual (TDC)

La terapia dialéctica conductual, otro tipo de TCC, puede ayudarte a aprender a aceptar ciertos tipos de emociones negativas a través de técnicas de concientización, regulación de las emociones, tolerancia al sufrimiento y habilidades interpersonales mejoradas. El tratamiento implica sesiones individuales, grupales y telefónicas que apuntan a corregir la agitación emocional que surge de experiencias de una infancia inestable, traumas y ciertos tipos de "cortocircuitos" genéticos o biológicos. La TDC se utiliza principalmente en aquellos que tienen una historia de trauma, son diagnosticados con un trastorno límite de la personalidad, sufren de sentimientos arrolladores de miedo, ira y/o desesperación, o muestran comportamientos autodestructivos tales como el abuso de sustancias, intentos de suicidio, trastornos alimenticios o autolesiones. La TDC solo puede ser llevada a cabo por un terapeuta capacitado en esta forma de tratamiento, y no es adecuada para los que no tienen antecedentes como los mencionados.

¿Por qué la psicoterapia funciona para el PTSD – y para las CNEP?

Debes preguntarte cómo la psicoterapia puede ayudar con el PTSD cuando antes mencioné que se cree que un trauma causa cambios genuinos en el cerebro de algunos individuos. Los psicólogos y los neurocientíficos creen que funciona porque tiene un efecto en las áreas del cerebro mencionadas, actuando sobre la emoción, la memoria, el pensamiento lógico, y los centros del lenguaje. Al hablar con el terapeuta, traducirás hasta el más pequeño detalle de tus recuerdos visuales y sensaciones físicas en palabras. Es la única manera en que tu mente consciente puede procesar estos fragmentos de recuerdos/sensaciones físicas, de modo que las confrontes en lugar de evitarlas. La práctica en el mundo real enfrentando situaciones temidas que antes evitabas y aprender comportamientos nuevos mantendrán este proceso en marcha. Luego, podrás finalmente "almacenar" el trauma en tu mente de una forma saludable, y sanar las heridas.

La "terapia de conversación", como su nombre sugiere, tiene el potencial de fortalecer las habilidades de comunicación verbal débiles. Esto te permite unir los relatos y los recuerdos con un significado, convertirte en un mejor comunicador, y actuar con firmeza cuando sea necesario, todos puntos importantes para los que sufren PTsD. Además, la exposición a recuerdos traumáticos sumado a técnicas de relajación ayudará a tu cerebro a reprogramarse con nuevos recuerdos "seguros", mientras aprendes a controlar reacciones de estrés exageradas. Claramente, todo esto es esencial para la recuperación de las CNEP. Por lo tanto, tratar el PTsD en alguien con diagnóstico de CNEP es una intervención clínica muy lógica y potencialmente provechosa.

Dado que las emociones y los pensamientos son pilares para las CNEP y el PTsD, es necesario estar más atento a tu estado emocional en cualquier momento. El siguiente ejercicio está diseñado para ayudarte a estar más en contacto con tus sentimientos.

Ejercicio 1: Convertirse en un científico

Tus sentimientos no son ni buenos ni malos. Solo son. Algunos sentimientos son agradables (felicidad, gratitud) y otros, no (tristeza, ira, desesperanza)

A veces te sientes culpable por experimentar un sentimiento desagradable, como la ira o la envidia. Y a veces, intentas alejar tus sentimientos porque son dolorosos, como la vergüenza o la pena. Es importante que te des cuenta de que tus sentimientos son reacciones relativamente independientes de tus pensamientos y percepciones. Pero también son señales que pueden ayudarte a navegar, una vez que tengas consciencia de ellos; así, la consciencia es de suma importancia.

La finalidad de este ejercicio es volverse más consciente de los pensamientos y los sentimientos que forman parte de ti ahora. No juzgues, evites o intentes alterar ningún sentimiento que surja; en cambio, conviértete en un científico y observa qué ocurre en el interior.

Comienza este ejercicio sentándote apoyando los pies en el piso y con las manos en cómodo descanso sobre tus muslos o un apoyabrazos. Respira lento y profundo, y luego observa cómo te sientes. Si es difícil precisar un estado emocional, enfócate en tu cuerpo. ¿Cómo se sienten tus músculos en distintas partes del cuerpo? ¿Están tensos?   De ser así, ¿esa parte de tu cuerpo siente más tensión que otras? ¿Cómo es tu respiración? ¿Tus inhalaciones son cortas y superficiales, o largas y lentas? ¿Tu corazón late más rápido o más lento?

Ahora, concéntrate en lo que estás pensando y sintiendo. ¿Puedes nombrar tus sentimientos y evaluarlos sinceramente?

Permítete entrar en sintonía con tus pensamientos. Observa cómo entran y salen de tu mente (por ej.: Necesito llamar a Sue; Desearía no tener que trabajar mañana; Mi mamá parecía demasiado tranquila hoy; Me pregunto si se sentirá bien.). Permítete reconocer qué sientes con cada uno de estos pensamientos. No intentes alejarlos, solo reconoce que existen. Si comienza a molestarte lo que viene a tu   consciencia, enfócate en continuar respirando lento y profundo, y recuérdate que es solo un ejercicio; los pensamientos no pueden lastimarte. Si continúas sintiéndote angustiado, puedes detenerte. Este ejercicio puede durar entre 15 y 20 minutos o más, dependiendo de tu resistencia y tolerancia a estar sentado y solo observando.

Una vez que termines, usa el mismo Registro de Episodios (anotador) que comenzaste a utilizar en el capítulo 1 para ir registrando tus principales sentimientos y pensamientos que surgieran durante el ejercicio. Hazte las siguientes preguntas:

- ¿Te diste cuenta de los temas "candentes"? ¿Alguno de ellos parece tener algún tipo de conexión con tus episodios no epilépticos? Asegúrate de prestar atención a qué sientes respecto de ellos y qué pasó cuando los mantuviste.
- ¿Pudiste comprender qué nivel de reacción tuviste referente a este tema?
- ¿Tus reacciones psicológicas y de ansiedad aumentaron al principio y luego se calmaron, después de sentarte con sentimientos desagradables o de pensarlo durante unos minutos?
- ¿Notaste que tuviste otros pensamientos más calmos y claros?

Para poder convertirte en un "investigador" más experimentado y seguro de tu propia mente, necesitarás repetir este ejercicio a menudo. Es una forma excelente de descubrir qué está alimentando muchos de tus síntomas de las CNEP y disparando los eventos. ¡Y te provee de un material fantástico para analizar con tu terapeuta en la próxima sesión!

CAPÍTULO 4

LA IRA – DISPARADOR DE LAS CNEP

Aferrarse a la ira es como tomar un carbón caliente con la intención de arrojárselo a alguien; tú serás el que se queme.

Buddha

La "Ira" abarca un amplio rango de expresiones que van desde un leve enfado a la frustración, a la ira incontrolable, y a la violencia. Comienza con un fuerte sentimiento de descontento u hostilidad que surge en respuesta a un estímulo desagradable. A veces, la ira aparece cuando alguien te provoca diciendo o haciendo algo que no te gusta, o te ves involucrado en una situación en la que te sientes amenazado. Entonces, hay momentos en que puedes enfadarte simplemente después de recordar un evento. La ira es un elemento muy importante en las CNEP, tanto cuando se la reprime, como cuando se la expresa abiertamente, y por eso le dedicaremos un capítulo entero.

En los estadios iniciales de la ira, comienzas a formular pensamientos "iracundos" por naturaleza: ¿Quién se cree que es?" "¿Por qué tengo que hacer eso?" o "¡Esto no es justo!" Estos pensamientos están acompañados por reacciones físicas: aumenta tu frecuencia cardiaca, se tensan tus músculos, tu rostro enrojece, etcétera. Luego aparece tu expresión de ira, que puede tener muchas formas diferentes: puedes fulminar con la mirada a alguien, decir cosas molestas, tener un arrebato verbal, romper algo, o simplemente retirarte de la situación, furioso por dentro. En casos extremos, algunos hasta atacan físicamente la fuente de la ira, ya sea una persona o un objeto.

Señales y síntomas de ira

La ira, como todas las emociones, tiene una finalidad. Es una señal para ti y los demás de que algo no está bien: te han herido, traicionado o amenazado de alguna forma, o quizás has presenciado una injusticia. La ira viene acompañada de una liberación de químicos en tu cerebro quete motivan y te preparan para la acción. Estos químicos pueden ayudarte a tomar una posición ante los demás y comunicar tus sentimientos más fuertes. Entonces, la ira puede ser útil, excepto que sea destructiva o que la expresión directa y deliberada de esta emoción se bloquee de alguna manera. Como individuo viviendo con CNEP, probablemente halles situaciones que te enojan, pero, reiteradamente, las alejas. La presión va en aumento a través del tiempo hasta que finalmente estalla en un episodio psicógeno caracterizado por la pérdida de control de los movimientos corporales y por alteraciones en la consciencia. En algunas ocasiones, se ha acumulado tanta ira que tienes un arrebato exagerado en respuesta a un evento insignificante. Desafortunadamente, esto solo hace que luzcas como loco e incompetente, así que no sería extraño que intentes evitar esos sentimientos aún más. Aquí está la trampa: cuanto más reprimas tu ira, más probabilidad de experimentar síntomas de CNEP tendrás.

Sintonizar con las señales físicas y de comportamiento de la ira puede ayudarte a reconocer esta emoción cuando surja (aunque no lo creas, ¡muchas personas suelen no darse cuenta de que están enojadas!), dándote la oportunidad de actuar sobre ella de forma adecuada, en lugar de inquietarte o explotar. Cuanto mejor puedas detectar cuándo estás enojado y utilizar esa ira eficazmente, mayor control tendrás.

Señales físicas de ira

Cuando te enojes, ¡tu cuerpo te lo dirá! Un área de tu cerebro conocida como la *amígdala* está diseñada especialmente para reaccionar ante amenazas a tu bienestar y "hacer sonar la alarma" que prepara tu cuerpo para protegerse. Envía unos mensajes antes de que tu corteza (la parte del cerebro del pensamiento y el juicio) puedan analizar en detalle la amenaza.

Esto significa que tu cuerpo reacciona ante una amenaza antes de que tu mente tenga tiempo de evaluar la situación o medir las consecuencias.

Algunas señales físicas comunes de ira son:

- tensión muscular, particularmente en el rostro y cuello
- chirrido de dientes
- sudor
- respiración agitada
- frecuencia cardiaca aumentada
- temblores, especialmente en las manos
- enrojecimiento del rostro y ensanche de las venasfaciales
- una ola de energía física, debido a la liberación de ciertos químicos en el cerebro – la respuesta de "lucha o huida"

Mientras aprendes a controlar tus impulsos agresivos y a manejar tu ira correctamente, seguirán surgiendo algunas señales físicas cuando te provoquen. Estas son señales que puedes aprender a utilizar, en lugar de temerles y reprimirlas.

Señales conductuales de ira

El espectro de comportamientos de ira es amplio, oscilando desde el pasivo (aislamiento social, diciendo "Sí" aunque tus acciones digan "No," quejarse sobre otros a sus espaldas), al activo (desafío de la autoridad, lenguaje violento, arrebatos, destrucción de la propiedad, ataques físicos).

La expresión de sentimientos iracundos

La forma en que eliges responder a los estímulos que te provocan ira dependerá de tu evaluación de sus características. Si estás en peligro físico, por ejemplo, quizás decidas que la mejor manera de defenderte sea un ataque a ultranza –verbal, físico o ambos– (aunque no esperes encontrarte en una situación de peligro físico en una sociedad civilizada, las estadísticas policiales revelan una prevalencia asombrosamente alta de ataques, asaltos, violaciones, violencia doméstica, y abuso físico infantil en los EE. UU. y en todo el mundo).

¿Y qué hay de los otros tipos de "ataques" que sufres cotidianamente a los que no puedes –o no debes– responder de forma agresiva abiertamente? Por ejemplo, supongamos que tienes una hermana que critica la forma en que crías a tus hijos, un vecino que te insulta al darte un consejo "útil", un amigo que siempre da por hecho que lo ayudarás, un colega que siempre se entromete en tu vida personal, o un compañero de piso que se come tu comida sin siquiera consultarte. Estas situaciones pueden desencadenar ira en ti, pero son, en cierto modo, "ataques vedados", no ataques evidentes. Si respondes de forma agresiva abiertamente, parecerás el "chico malo" y te etiquetarán como "fuera de control", "hipersensible", "loco" o "ruin". También hay momentos en que no puedes responder furiosamente porque el que te provoca es tu superior y podría costarte el trabajo o unascenso.

También puedes tener miedo de que el poder de tu propia ira te sobrepase. Si te permites "entreabrir la puerta", te preguntarás si eso llevará a un exabrupto violento que no podrás detener. O quizás temas no poder detener un estallido vergonzoso e incontrolable, como echarte a llorar. Cuando no puede ser agresivo directamente con quien te ofende, quizás mantengas tu ira contenida, y elijas no hacer nada, ignorando tus necesidades y arrollando tus derechos. Luego verás que te envuelves en tu propia frustración y enojo sin salida. Repites el evento en tu mente una y otra vez, y en cada una vuelves a sentir ira, humillación y frustración, mientras te castigas por no haber manejado las cosas de forma diferente. Desafortunadamente, este ciclo desagradable solo sirve para que te cierres y para distraerte de los pensamientos y comportamientos positivos, a la vez que promueve más ira, resentimiento y frustración. Estos sentimientos pueden continuar propagándose en tu interior, alimentando tus episodios psicógenos y llevándote a comportamientos dañinos y autodestructivos, como la sobre ingesta, autolesiones, o trastornos somáticos como el asma inducido por el estrés o el síndrome de intestino irritable.

¿Qué hace que algunos se enojen más que otros?

Todos conocemos a alguien que tiene "la mecha corta" y que parece explotar por pequeñeces. En algunos casos, la razón puede ser genética:

simplemente nació con un temperamento que lo hace más intolerante a la frustración. O quizás tenga que ver con su entorno familiar: quizás creció en un ambiente caótico y explosivo con modelos a seguir que manejaban la ira disfuncionalmente (por ejemplo, un padre abusador que golpeaba a su esposa cuando discrepaba con él). En general, suele ser una combinación de los dos

Otras razones de la agresión y la ira aumentada pueden ser el uso/abuso de sustancias (la ingesta de ciertas sustancias psicoactivas o "la quita" de las mismas pueden causar arrebatos de ira), trastornos en la conducta, o simplemente, normas culturales. Algunas culturas alientan la expresión abierta del descontento y la reivindicación de los derechos individuales, mientas que otras acentúan las relaciones parejas y la calma social sobre las necesidades individuales. Y la ira, la irritabilidad y la impaciencia pueden surgir de sentimientos atrapados, del descontento con circunstancias de la vida, la frustración y/o la depresión.

La "otra cara" de una persona enojada crónicamente es la persona que es extremadamente dulce y amable, y que nunca parece enojarse, no importa qué ocurra. Muchos de mis pacientes diagnosticados con CNEP muestran este estilo de "manejo de la ira". Probablemente sea debido a la combinación de la genética y de comportamientos aprendidos. Sin embargo, si la ausencia de la ira persiste aun cuando los derechos personales o el bienestar se ven amenazados, debe llevarse a cabo una capacitación en reafirmación   personal.

Prueba: ¿Demuestras tu ira abiertamente?

Todos nos enojamos, pero algunos lo expresan con más frecuencia y más vehemencia de lo entendible. Hazte las siguientes preguntas para ver si estás experimentando un torbellino en el Departamento de la Ira.

1 *¿Notas que te pones impaciente con los demás por la cosa más mínima?* (Por ej.: estallar cuando tu niño, sin querer, deja caer el abrigo, o la comunicación telefónica se corta por problemas de recepción)

2   ¿Discutes con frecuencia?

3   ¿Te enojas al conducir? (Por ej.: conduces demasiado rápido, insultas a otros conductores, les cierras el paso, conduces muy cerca de los otros vehículos)

4   ¿Menosprecias a la gente con frecuencia? (Por ej.: dices cosas como, "Sé que no es fácil, pero intenta usar el cerebro al menos unavez")

5   ¿Te cuesta no reaccionar cuando te enojas?

6   ¿Tienes pensamientos violentos? (Por ej.: imaginar que golpeas y pateas a alguien con quien acabas de discutir)

7   ¿Has arrojado o roto objetos en un ataque de ira?

8   ¿Has golpeado o abofeteado a otra persona?

9   ¿Alguien cree que tienes un problema de ira o te describen como una "persona enojada"?

10 ¿Alguna vez te arrestaron por un acto violento?

Si respondes "SÍ" a cuatro o más, parece que tienes ciertos problemas con la expresión excesiva de la ira. Darse cuenta de eso es un paso muy importante. El siguiente es realizar una consulta con un profesional de salud mental para establecer si necesitas tratamiento. La ira excesiva no es saludable para ti ni para los que te rodean.

¡Importante!

Si respondiste "SÍ" a la pregunta Nro. 8 y participaste en cualquier otra situación en la que te hayas puesto a ti o a otros en peligro, busca ayuda profesional enseguida

La conexión entre la ira y las CNEP

Un gran porcentaje de los que tienen CNEP han sufrido traumas y abusos en el pasado, que van de la mano de la ira y el miedo. La respuesta "de lucha o huida" se ha activado, en general, repetidamente; con la parte de la "lucha" conectada a la ira, y la parte de la "huida" conectada al miedo.

Si bien la ira y el miedo pueden haber sido experiencias comunes para ti, parece que tu expresión adulta de la ira tiene algunos problemas. Quizás, adultos que cuidaron de ti en el pasado no brindaron un modelo de expresión de la ira saludable, y no lo toleraron en ti. Si presenciaste o experimentaste algún abuso, quizás recurriste a la negación y represión de la emoción solo para sobrevivir, lo que te llevó a la depresión, la ansiedad y a problemas para manejar la ira – todos presentes en pacientes con CNEP–. Estas emociones desequilibradas juegan un papel clave en mantener tus CNEP vivas y saludables. Cuando se sobre activan y parecen tomar vida por sí mismas, fácilmente se produce un episodio de CNEP.

La ira excesiva va de la mano, no solo de las CNEP, sino de una calidad de vida más pobre, especialmente a medida que tu ira aumenta. En 2012, mis colegas y yo escribimos un trabajo de investigación en el que encontramos que pacientes con diagnóstico de CNEP mostraban una fuerte correlación entre mayores niveles de ira y una peor calidad de vida, así como también depresión y una tendencia a ver las cosas con cinismo. A 62 pacientes con CNEP confirmadas se les realizó una batería de pruebas que medían la expresión de la ira, el estado de ánimo, los rasgos de personalidad, y la calidad de vida. Sus respuestas mostraron que los que estaban enojados en el momento de la prueba o que, generalmente, se describían como "iracundos" tenían una calidad de vida significativamente peor. La calidad de vida pobre se predijo mejor en casos con una historia de traumas, traumas a una edad temprana, tendencia a enojarse, y una mirada cínica.

Llegamos a la conclusión de que evaluar y tratar la ira cuando está en su punto máximo es un objetivo apropiado en las CNEP, dado que ésta alimenta potencialmente los episodios y contribuye a la depresión y a empeorar la salud

Sin embargo, no son solo los niveles altos de ira los que afectan negativamente las CNEP. También es importante la manera en que se maneja la ira. Por ejemplo, digamos que normalmente eres sumiso y que permites que los otros te maltraten. Esto te lleva, naturalmente, a sentir tristeza y frustración que te convierten en algo similar a una olla a presión humana. Como cualquier cosa a la que se la somete a bastante presión, tiene un punto de fusión. En las CNEP, la erupción puede tomar la forma de un violento ataque verbal no epiléptico, o tal vez rigidez muscular y tensión corporal extrema. La ira reprimida también puede emerger como ira desplazada: un arrebato excesivo e inadecuado en respuesta a un evento menor sin relación. Por supuesto, los que tienen CNEP no son los únicos que a veces presentan ira desplazada, pero es un problema bastante común para ellos, y que causa -en gran parte- conflictos interpersonales.

Imagen 4: La ira reprimida puede brotar como un volcán en erupción en casos de CNEP

La mayoría de las personas con CNEP se beneficiarían enormemente si aprendieran a reafirmarse, lo que significa "tener confianza, ser seguros de sí mismos, y defender sus derechos". La reafirmación no significa ser agresivos, violentos, híper-reactivos o susceptibles. Significa que te defiendes, respetas tus propios derechos y los de los demás. Cuando discrepas con otra persona, expresas tus sentimientos y negocias los términos que son aceptables para ti y para el otro. Eres persistente, aun cuando tus primeros intentos sean en vano. Puedes aceptar cumplidos y hasta hablas de ti de forma positiva. Y es extremadamente importante que no olvides que a mayor reafirmación, menor alimentación de los episodios psicógenos. Estarás más sano en muchos otros niveles, con mayor control de ti, y más cómodo contigo y con los demás.

Prueba: ¿Ira de reafirmación, agresiva o reprimida?

Considera los siguientes escenarios y decide cuáles serían tus reacciones más comunes:

1) Estás en la fila para entrar al teatro cuando alguien se mete delante de ti. Tu respuesta sueleser:
   a) "Disculpe, yo soy el que sigue. La filatermina allí."
   b) "¡Hace 20 minutos que estoy aquí parado! ¡¿Por qué no haces la fila como todos los demás, idiota?!"
   c) No dices nada en voz alta, pero piensas, "¡Qué maleducado! Pero no haré una escena, así que me loaguantaré."

2) Cuando otra persona dice algo con lo que discrepas totalmente, sueles responder:
   a) Difiero totalmente. Pienso que..."
   b) "¡Nada que ver! ¡Estás totalmente equivocado!"
   c) "Bueno, quizás tengas razón; no estoy tan seguro."

3) Estás en un restaurante y has esperado tu pedido durante una cantidad de tiempo exorbitante. Ya se lo has reclamado a la camarera. Ahora viene hacia ti, pero no trae tu comida. ¿Cuál de estos es tu comentario más común?
   a) "Disculpe, sigo esperando mi comida, y es la segunda vez que la reclamo. Por favor, ¿podría fijarse si ya está lista?"¡Esto es ridículo! ¿Así atienden este lugar? ¡Puedes ir olvidándote de la propina!"
   b) La miras con una expresión incómoda, esperando que lo note y vuelva a la cocina por tu orden.

4) Tu mejor amigo acaba de tener un desacuerdo contigo y terminó con un seco, "No tienes ni idea de lo que estás hablando". ¿Cómo le respondes?
   a) "Cuando me dices que no sé de qué hablo, siento que me rebajas. ¿Es esa tu intención?"
   b) "¡No me digas que no sé de qué hablo! ¡Probablemente sepa más de este tema que tú!"

c) Te quedas callado y mascullas por dentro, preguntándote si realmente deseas seguir siendo amigo de esa persona.

5) Tu niño de 2 años hace una escena de 10 minutos en la tienda porque no le compraste un juguete. ¿Qué haces?
   a) Esperas que se calme y dices, "Te amo, pero esta no es la manera de conseguir cosas. De hecho, no te compraré nada mientras te comportes así."
   b) Luchas por sacarlo de la tienda y gritas: "¡Cállate, estás montando una escena!"
   c) Compras rápidamente el juguete y ruegas que secalle.

6) Una mujer que conoces poco ha comenzado a seguirte; quiere salir contigo a tomar unos tragos pero tú no quieres.
   a) Le dices, "Estoy súper ocupado, así que mejor te aviso cuando tenga una noche libre. Por ahora, lo veo imposible."
   b) Elevas la voz y dices enojado, "¡Casi ni te conozco, y no tengo por qué salir contigo!"
   c) Aceptas salir aunque no quieres y sufres toda la velada.

7) El perro de tu vecina suele hacer sus necesidades en el jardín del frente de tu casa. ¿Qué haces?
   a) La siguiente vez que ves a tu vecina, señalas las heces y dices, "Deberé pedirte que tu perro no pise más mi jardín porque hace sus necesidades ahí."
   b) Le dices, "Envenenaré a tu perro si vuelvo a verlo en mi jardín."
   c) Con tranquilidad, recoges las heces todas las semanas mientras estás que trinas. Igualmente, sonríes y saludas a tu vecina cada vez que la ves.

8) Trabajas con una compañera en un proyecto, pero luego presenta el trabajo como propio; no menciona que lo hicieron juntos. ¿Qué haces?

a) Le comentas a tu compañera que viste lo que hizo y le sugieres ir juntos a aclarar el tema con el profesor.Le quitas el proyecto de las manos y se lo llevas al profesor, indignado

b) No dices nada y esperas que el profesor se dé cuenta de que tú también trabajaste en el proyecto, o que vea la calidad d tu trabajo en el futuro.

9) Tu esposa hace planes para cenar con sus amigas y te avisa a último momento. ¿Cómo respondes?

a) "No me gusta nada cómo arreglaste esto. En el futuro, me gustaría saber si vas a salir, para poder planear mi noche también."

b) Haces planes para cenar la semana siguiente y no le avisas. Luego le avisas a último momento y te regodeas coneso.

c) No dices nada, calientas comida congelada para ti, yrefunfuñas.

10) Tu esposo se ríe cuando le cuentas que te anotaste en una clase de arte. ¿Cómo respondes?

a) "Guau, tu respuesta realmente me decepciona porque no siento que me apoyes en algo que para mí esimportante".

b) Le arrojas los materiales nuevos de arte en lacara.

c) Llamas a tu mamá para quejarte de él, pero no le dices nada aél directamente.

Como probablemente ya te hayas dado cuenta, las respuestas "a" son de reafirmación, las "b" son impulsivas e iracundas, y las "c" son sumisas y pasivas. Si la mayoría de tus respuestas son "b" o "c," probablemente no estés consiguiendo los resultados que deseas, y es muy probable que las cosas empeoren.

Manejar la ira a través de la reafirmación

Manejar tu ira ineficazmente, ya sea por falta de reafirmación (represión) o por una expresión extrema de furia, puede empeorar tus CNEP. Esto ocurre al aumentar tu angustia, la presión interna, y afectar tus relaciones. Reemplazar estos estilos de manejo de la ira con reafirmación es una parte importante de la terapia para las CNEP. Tu terapeuta está capacitado para ayudarte a identificar tus problemas y a elaborar formas más sanas y seguras de manejar tus sentimientos fuertes de disgusto.

Para manejar la ira con reafirmación necesitarás aprender a hacer estas tres cosas:

- *evaluar situaciones interpersonales externas de manera oportuna* – ni bien tengas una señal desagradable, concéntrate en lo que se dijo o hizo antes de que apareciera esa señal.
- *estar atento a tus reacciones físicas y emocionales* – pregúntate cómo está reaccionando tu cuerpo (frecuencia cardiaca aumentada, dificultad para respirar, tensión muscular, etc.) y cómo te sientes emocionalmente.
- *responder a la/a persona/s involucrada/s en forma clara, eficaz y socialmente aceptable* – elabora un discurso eficaz o muestra un comportamiento que demuestre qué pasó y que exprese claramente tus necesidades, sin que sea socialmente intolerable.

Cuando actúas de manera segura, tus interacciones con los otros serán mucho más transparentes: comprenderán con quién están tratando y dónde estás ubicado. Aunque no lo creas, todos se sentirán más a gusto si te comunicas con claridad. Quizás no les guste lo que tienes para decir, pero al menos sabrán qué esperar, de modo que se podrán evitar futuros malentendidos y exabruptos.

Manejo de la ira

Las técnicas discutidas en este capítulo son, simplemente, una introducción a los ejercicios de reafirmación personal y del manejo de la ira. Estas técnicas están diseñadas para que te familiarices con cómo experimentas la ira y mostrarte cómo tus elecciones de comportamiento llevan a resultados positivos o negativos. Ten en cuenta que esto es solo una muestra de las técnicas que podrías practicar en terapia o como complemento de un tratamiento brindado por un profesional de salud mental.

Conoce tu ira

Al trabajar con asuntos relacionados a la ira, el primer paso es familiarizarte con la tuya propia. Es importante que aprendas a identificar qué te hace enojar, cómo se manifiesta tu ira, y cómo piensas, sientes, y actúas cuando alguien/algo la dispara. Una vez que te familiarizaste con estos aspectos de tu ira, puedes comenzar a elegir tus respuestas, en lugar de reaccionar involuntariamente. Cuanto más idóneo seas en comprender tu enojo, sentirás que tienes más control, y habrá menos cosas que alimenten tus episodios no epilépticos.

Escribir un diario es una gran forma de familiarizarte con tu ira de un modo amable. Puedes hacerlo en el mismo anotador donde registras tus episodios de CNEP; solo comienza una sección de "Seguimiento de la ira" en una página separada. Luego, estate atento a cualquier sentimiento de enojo. La próxima vez que sientas la mínima señal de ira o frustración, obsérvate a ti, observa el evento y observa a la gente involucrada como si fueras un científico. No intentes cambiar la manera en que actúas o reaccionas. Solo presencia lo que está ocurriendo y escribe todo lo que puedas sobre el evento y sobre tu reacción. Esta información será útil cuando comiences a trabajar en aumentar tu reafirmación.

En tus observaciones, asegúrate de incluir lo siguiente:

- *¿Qué fue lo que provocó tu ira?* ¿Qué ocurrió o dijeron/hicieron te hizo enojar? ¿Te sentiste despreciado, insultado, ignorado, criticado u otra cosa que hayas podido percibir?
- *¿Cómo reaccionaste?*
  Describe todas tus acciones/reacciones físicas y verbales durante el incidente. Aunque no hayas hecho absolutamente nada y/o te hayas sentido adormecido, escríbelo. Asegúrate de incluir cualquier reacción que hayas tenido después (descargar tu ira en otros, llorar, comer por demás (sobre ingesta), tomar alcohol, dormirte, etc.). ¿Cuándo sufriste el siguiente episodio psicógeno?
- *¿Qué estabas pensando en ese momento?* (por ej.: "¿Cómo se atrevió?" "¡Lo abofetearía!" "Quisiera reportarlo con su supervisor", "Siempre todos me pasan por encima", etc.). ¿Te permitiste tener

pensamientos iracundos? ¿Planeaste formas de responder? ¿Tuviste dudas? (por ej.: "No estoy seguro si quiso insultarme y no quiero que parezca que me hirió", o "No creo poder hacerme oír entre esta gente, así que lo dejaré pasar.")? ¿Te hizo acordar a

eventos pasados en los que te costó expresar tu desagrado? (¿Es la misma forma en que le respondiste a esa maestra mala de 4to grado, o a tu ex-esposo cuando discutían?) ¿O tus pensamientos se dispararon y conjuraron un resultado horrible (por ej.: "La gente se reirá de mí si me quejo", "Me despedirán", o "¡Este camarero me escupirá la comida!")?

- *¿Cómo te sentiste físicamente durante y luego del incidente?* ¿Qué ocurrió con tu cuerpo? ¿Tus músculos se tensaron, sentiste náuseas, tu ritmo cardiaco se aceleró, se te ruborizaron las mejillas? ¿Inmediatamente después quedaste exhausto?

- *¿Sentiste algo más durante y luego del incidente?* ¿Te sentiste asustado? ¿Asqueado? ¿Molesto? ¿Animado? ¿Ansioso? ¿Confundido? ¿Adormecido? ¿Desvalido?

Ten en cuenta que puede serte difícil darte cuenta *cuándo* estás enojado. Es posible que estés tan molesto con la ira, que instantáneamente rechaces esos sentimientos o intentes convencerte de que malinterpretaste la situación. A corto plazo, esta respuesta puede parecer positiva porque puedes mantener la ilusión de que no hubo conflicto. Pero, a largo plazo, puede enfermarte y destruir relaciones. Por eso es muy importante que sintonices qué está ocurriendo tanto dentro como fuera de ti. Te ayudará a notar sentimientos que quizás no te habías dado cuenta que sentías y que juegan un rol importante en mantener las CNEP.

Pamela es una mujer madura divorciada, madre de dos hijos ya adultos, a la que le diagnosticaron CNEP hace menos de un año, y que estaba totalmente en las nubes respecto a su ira. Cuando vino a una de sus sesiones justo después de Acción de Gracias, comentó que la celebración había sido buena excepto por una cosa: su hijo llamó una hora antes de la cena para decir que no podría ir. Esta era una festividad especialmente importante porque Pamela había tenido que negociar con su ex esposo para que sus hijos estén con ella en Acción de Gracias, cediendo Navidad en el intercambio. Cuando le preguntó al hijo por qué no podía ir, él dijo que había decidido quedarse con su novia. Y luego colgó rápidamente la llamada. Ella me miró, encogió los hombros, y dijo, "Y, bueno, está bien. Igualmente, ¿qué se puede hacer? ¡Así son los niños!".

La detuve y le pedí que reviera esta situación más atentamente, "¿De verdad "Estaba bien"? ¿Realmente no te molesta?".

Pamela se quedó pensando y luego admitió que se había sentido muy herida por la ausencia de su hijo, y que esa noche, cuando todos se fueron, lloró. Al final, admitió que realmente estaba furiosa porque él podría haberle dicho que no iba a ir en muchas ocasiones anteriores cuando hablaron del tema. La animé a no abandonar sus sentimientos de ira y a conectarse con ellos. Pamela había tenido miedo de que, si se permitía sentirse enojada, esto pudiera sobrepasarla, pero no fue así; en realidad, disminuyó a medida que se permitió ese sentimiento. Ella vio que la ira estaba ahí como señal de algo, y una vez que la tomó, pudo pensar con más claridad.

Posteriormente, analizamos algunas formas en que Pamela podía tocar el tema de Acción de Gracias la siguiente vez que hablara con su hijo. Buscamos palabras con las que se sintiera cómoda y que comunicaran su experiencia de una forma clara y coherente. Permitirse conectarse con su ira la ayudó a comprender que ésta es una emoción aceptable y lógica. Una vez que se permitió ser consciente de esta emoción, se dio cuenta de que contaba con muchas más herramientas para encontrar comportamientos eficaces.

Pamela comenzó a escribir un "diario de seguimiento de la ira" y se sorprendió al ver cuán seguido reprimía su ira y cómo esto solía ser malicioso para ella. Una vez que pudo ver esto con claridad, la importancia de la reafirmación fue obvia, y ella progresó mucho en su terapia.

También puede ser muy útil registrar en ese diario algunas situaciones importantes del pasado que te hayan causado ira, y resaltarlas. Sé honesto en tu análisis. Solo tú lo leerás, y la mejor manera de ayudarte a comprender tu propia ira es siendo totalmente franco. Una vez que hayas escrito varias experiencias (presentes y pasadas) en tu diario, busca patrones. ¿Muestran que expresas tu ira ineficazmente? Por ejemplo, ¿tiendes a agredir a golpes? ¿Te "atragantas" con tus emociones? ¿Te enfureces un rato, y luego te desquitas con otro? ¿Pretendes que no ocurrió nada? Una vez que reconozcas los patrones, estarás en posición de hacer algo para cambiarlos.

Prepara un guión:

Para las situaciones que provocan ira que ocurren reiteradamente, puede ser útil tener preparada una respuesta –como un guión– que te ayudará con tu reafirmación. De esta manera, cuando la situación problemática surja, estarás listo para responder de forma clara, segura (pero no agresiva) y que, probablemente, produzca resultados mucho mejores.

Para comenzar con el proceso de escritura del guión, elije una situación desagradable que hayas experimentado con altas probabilidades de que se repita. En tu diario, resume cómo comenzó dicha situación y qué fue lo que realmente te molestó. También puedes analizarla con tu terapeuta. Este es un ejemplo de cómo Jennifer, una paciente mía, y yo descubrimos qué estaba causando un problema entre ella y su madre:

Jennifer, que se había divorciado hace poco y distanciado de sus hijos, me dijo que solía sentirse terrible después de hablar con su madre, aunque no sabía bien por qué. Cuando analizamos una de sus conversaciones con más detalle, Jennifer dijo que su madre le había dicho, "No puedes quejarte por el dilema en el que estás [sentirte sola y distanciada] porque tú te lo buscaste."

Luego, la madre de Jennifer le dijo, "Con tu padre estamos intentando decidir si invitamos a tu ex a la cena de Navidad, e invitarte a ti al día siguiente. Lo haríamos para que los niños no sientan tanto el impacto de tu divorcio."

Parece que la madre de Jennifer había hecho este mismo tipo de comentarios hirientes varias veces en conversaciones previas y tenía el hábito de "pisar" las respuestas de Jennifer. Estos comentarios/comportamientos realmente la molestaban; y generalmente, le cortaba la conversación en seco. Unas horas más tarde, Jennifer llamaba a su madre para disculparse. Se dio cuenta de que se enojaba porque no se sentía comprendida o consolada por su madre cuando realmente lo necesitaba. Y que la excluyeran de la cena navideña a favor de su ex esposo había hecho que no se sintiera valorada.

Una vez que Jennifer comprendió la raíz del problema y qué era lo que la enojaba, estuvo lista para escribir una respuesta amable y poderosa para usar la siguiente vez que surgiera esasituación.

Al escribir un guión, es útil pensar en estos cuatro puntos:

1) *Dile a la otra persona cómo te sientes en determinada situación* – Por ejemplo, Jennifer podría decirle a su madre algo como, "Te acabo de decir que me siento sola, pero tu respuesta no me hizo sentir reconfortada. Que me digas que yo me lo busqué me hace sentir más sola y triste."

2) *Explica cómo reaccionas a esos sentimientos* – Jennifer podría decir, "Cuando siento que no me contienes, comienzo a alejarme y a enojarme". O, "Cuando me dices que quizás inviten a mi ex esposo a cenar, quien sabes que me ha lastimado, me siento dolorida y desilusionada."

3) *Brinda a la otra persona respuestas alternativas viables* – Jennifer ahora puede decirle a su madre qué es lo que realmente necesita de parte de ella, como, "Cuando comparto algo doloroso contigo, me ayudaría que te preguntaras si lo que me vas a decir me hará sentir mejor. Si no sabes qué decir, solo puedes decir, "Lo entiendo", o "Lamento que eso haya sucedido".

4) *Explica cómo estas respuestas pueden tener resultados positivos para ambos* – Jennifer podría decir, "Si logramos cambiar esto, nuestra relación será mucho más agradable, y probablemente pasemos tiempo de madre-hija de mejor calidad."

En la siguiente llamada telefónica a su madre, Jennifer comenzó a usar su guión ni bien comenzaron los comentarios hirientes. Aunque estaba nerviosa, pudo dar su opinión con calma y confianza porque estaba preparada. Para su sorpresa, su madre dejó de interrumpirla y comenzó a escucharla. Terminaron teniendo una conversación profunda en la que Jennifer finalmente se sintió "escuchada" y su madre hasta pudo, de alguna manera, disculparse, algo que nunca había hecho.

Un guión te permite enfrentar una situación difícil estando más preparado con frases organizadas que neutralizan las respuestas frecuentes de la otra persona. Un incentivo adicional sería que hubiera un resultado positivo para ambas partes al final de la conversación.

De esa manera, sería una situación beneficiosa para ambos, y los dos se sentirían mejor.

Escribir un guión es, con seguridad, un arte que lleva un poco de trabajo y práctica. Es necesario que comprendas bien la situación y que puedas plantear tus puntos de forma convincente, así que tómate el tiempo necesario para trazar los pasos cuidadosamente. Una buena idea es practicar tu guión con otra persona (idealmente, con tu terapeuta) y actuarlo para identificar los puntos flojos. Es importante que te sientas preparado y seguro cuando necesites usar tu guión.

A algunas personas les sirve memorizar lo que quieren decir, lo que es perfectamente aceptable. Si estás hablando por teléfono, quizás prefieras tener algunas notas a mano. Y, recuerda, si las cosas se sienten un poco forzadas la primera vez, no te desanimes. Vuelve al punto de partida, sintoniza y trata de nuevo.

La persistencia es clave al momento de escribir/usar guiones eficaces, y de mejorar tu reafirmación.[9]

A continuación, encontrarás varios consejos y técnicas útiles que te ayudarán a manejar más eficazmente tus sentimientos   iracundos:

Respirar hondo varias veces

Cuando tu cuerpo está revolucionado porque percibe una amenaza, puede ser difícil pensar con claridad. Cualquier acción que tomes en ese momento será impulsiva, podría ser agresiva, y, finalmente, podrías arrepentirte. Una buena idea es calmarte física y mentalmente antes de reaccionar. Y una de las mejores formas de hacerlo es practicando respirar hondo.

Cuando estés angustiado y enojado, automáticamente tu respiración se volverá rápida y superficial. Pero si, conscientemente, respiras más lento y profundo, puedes lograr que tu cuerpo y mente se calmen, y estén más estables.

También puedes intentar repitiéndote una palabra que te calme (por ej.: "cálmate" o "relájate") mientras respiras profundamente. A algunos les es útil imaginar inhalar en un color pastel y exhalar en un color más oscuro (para una descripción completa sobre respirar hondo, lee el Ejercicio 2 al final de este capítulo).

Replantear

A veces, cuando estás enojado, es útil buscar otro punto de vista, especialmente para esos eventos que son más pequeños de medir. Digamos que esperas que tu esposo te compre para tu cumpleaños algo que le has insinuado repetidamente. Pero, ¡él te compra un suéter que jamás te pondrías! Te sientes enojada e incomprendida. Retrocede y permítete verlo desde otro punto de vista: realmente, ¿cuán importante

---

9 Si quieres leer más sobre reafirmación, te recomiendo: The Classic Step-by-Step Program for Becoming More Assertive: Asserting Yourself de Bower and Bower (1991, De Capo Press)

es? Dentro de cinco años, ¿esto seguirá siendo importante? En resumen:si elijes tus batallas cuidadosamente, te darás cuenta de que algunas no valen la pena el esfuerzo o el desgaste emocional, y eso te dejará con suficiente energía para las que sí lo valen.

También es posible que quieras preguntarte sobre la intención. Cuando otra persona te hiere u ofende sin intención, es muy distinto de si lo hace intencionalmente. Comprender esto te ayudará a elegir una reacción diferente.

Evitar palabras extremas

Presta atención a los pensamientos y palabras que usas cuando analizas un evento en tu cabeza. Las palabras extremas (" Nunca me escucha"; "¡Esto me enfurece!") realmente pueden fastidiarte y nublar tu buen juicio. Estos son algunos ejemplos de palabras extremas:

- siempre
- horrible
- constantemente
- desastre
- enfurecimiento
- todos
- para siempre
- humillado
- nunca
- nadie
- sobrepasado
- arruinado

Reír

Una excelente manera de neutralizar la ira en casos de asuntos menores es buscar el humor de la situación. De hecho, muchas de las cosas que realmente nos enojan actualmente no serían tan graves si nos tomáramos el tiempo de cambiar nuestra perspectiva. Puedes comenzar a hacerlo preguntándote: "¿Esto podría ser gracioso dentro de unos meses o años?" La risa es una vía genial para distender la tensión; puede actuar como un liberador de miedo, ira u otras emociones acumuladas, en algunas situaciones. Entonces, cuando te esposo te compra un suéter horrible para tu cumpleaños, en lugar de enojarte, puedes elegir reírte sobre su valentía al elegir el diseño, antes de ir a cambiar el suéter.

La risa también genera endorfinas, las hormonas "del bienestar" que el cuerpo produce naturalmente y que aumentan los sentimientos de bienestar y seguridad, y generan emociones positivas. Así, ¡Cuánto más te rías, mejor! Algunas maneras de agregarle risas a tu vida son: mirar películas y programas de TV divertidos (preferentemente con alguien a quien le guste reírse en voz alta), ir a ver espectáculos de comedia, aprender a reírse de uno mismo y compartir algo absurdo sobre ti mismo con un amigo. Hasta existen clases de Yoga de la Risa, especialmente diseñadas para los que necesitan liberar la ira y atenuar el estrés. Todo esto puede agregar un poco de liviandad a tu vida y ayudarte a sentirte mejor.

Usar esa energía positivamente

Podrás manejar mejor tu ira si tomas toda esta energía adicional y la pones en un objetivo positivo. Quizás implique llevar a cabo un cambio demorado pero necesario, que será para mejor. O quizás canalices tu energía en algún tipo de actividad física: hacer ejercicio, trabajar en el jardín, podar las rosas, limpiar la casa, u ordenar el garaje. Sé consciente de que la sobrecarga de energía causada por las hormonas del estrés corriendo por tus venas puede durar un tiempo, a veces, hasta días, especialmente si no realizas alguna tarea física para agotarla. Así que no te preocupes únicamente por el evento que te produce ira: usa tu energía para hacer algo positivo que requiera trabajo físico, siempre teniendo en cuenta que sea algo seguro.

Si tienes un episodio no epiléptico, asegúrate de hacer reposo, pero no dejes que te detenga permanentemente. Una vez que te hayas recuperado, vuelve a ponerte activa físicamente.

¡Ejercitar!

Aunque casi cualquier tipo de ejercicio puede ayudar a manejar la ira, el ejercicio aeróbico es particularmente efectivo como forma de mejorar el estado de ánimo y eliminar toxinas. El ejercicio aeróbico es aquel en el que tu corazón bombea más rápido, tu frecuencia respiratoria aumenta, y tus poros sudan. Algunos ejemplos son caminar rápido, correr, andar en bicicleta, realizar un circuito de entrenamiento, esquiar, hacer artes marciales, y patinar, entre otros. Este tipo de ejercicios promueve la liberación de endorfinas, que mejoran naturalmente tu estado de ánimo y que ayudan a aliviar la ansiedad y la depresión. También reduce el estrés al quemar las hormonas adrenalina y cortisol.

El ejercicio aeróbico también tiene asociados otros beneficios emocionales y físicos: mejora de la autoestima y de la imagen que se tiene de sí mismo, mejor vida sexual, mejor calidad de sueño, pérdida de peso, aumento del vigor, y oportunidades de hacer amigos y de construir redes. Obviamente, el ejercicio aeróbico no solo puede ayudarte a manejar tu ira ¡sino también a mejorar tu vida en un sinnúmero de formas! (para una descripción completa sobre ejercitarte con CNEP, lee el Capítulo 8).

Ejercicio 2: Respirar para promover la relajación

Respirar puede ser una forma poderosa para calmarte emocionalmente y hacerte sentir seguro. El tipo de respiración descrito debajo puede ayudarte a manejar tanto la ira como la ansiedad, y a promover un sentido general de bienestar. Esta es una herramienta magnífica que puede darte una ventaja al lidiar con muchos de tus disparadores de CNEP.

Como respiras desde el momento en que naciste, no necesitas pensarlo: ocurre naturalmente, te centres en ello o no. Así y todo, tu respiración se puede entrenar y transformar en una herramienta poderosa; un ancla al "aquí y ahora", y una manera de dirigir tu mente y controlar muchas de las reacciones automáticas de tu cuerpo. Al entrenar la respiración, puedes volverte menos reactivo (menos propenso a responder a las cosas sin pensar), y más prudente en tus pensamientos y acciones.

Respiración abdominal vs. Respiración torácica

Para entrenar tu respiración, necesitarás aprender a llevar a cabo una *respiración abdominal* en lugar de una *respiración torácica*. En la respiración torácica, cada inhalación es rápida y superficial, y el aire que inhalas se queda en la parte superior de tus pulmones. En la respiración abdominal, cada inhalación es lenta y profunda, y expandes tu abdomen para que el aire pueda llenar los pulmones por completo, hasta el final de estos órganos. A la respiración abdominal también se la conoce como *respiración diafragmática.* El diafragma es un músculo grande ubicado entre el pecho y el abdomen que, al contraerse, desciende haciendo que el abdomen se expanda. Esto causa una presión negativa dentro del pecho obligando al aire a llenar los pulmones. La presión negativa también lleva sangre al pecho, mejorando el traslado de la sangre al corazón.

La respiración abdominal puede mejorar la resistencia física porque el cuerpo cuenta con más oxígeno disponible. Y al expandir las cavidades de aire de los pulmones y mejorar el flujo sanguíneo, también ayuda a prevenir infecciones en los pulmones y otros tejidos. Pero sobre todo, porque influencia directamente el sistema nervioso simpático de una forma positiva, es una herramienta excelente para promover la relajación y un sentido general de bienestar.

La respiración torácica, por otra parte, es una forma poco eficaz de respirar porque la mayor parte del flujo sanguíneo es dirigido a los lóbulos superiores de los pulmones, trasladando menos oxígeno a la sangre.

También le avisa al cerebro que algo está "mal", aumentando la ansiedad o el estrés.

Practicar respiración abdominal

Para aprender la respiración abdominal, comienza sentándote en una silla de respaldo recto, y apoya ambos pies en el piso y las manos en tu falda o en los reposabrazos. Otra opción es que te recuestes sobre tu espalda, en una alfombrilla en elpiso.

Coloca una de tus manos sobre tu pecho y la otra sobre el abdomen. Si estás recostado, puedes intentar colocando un objeto liviano sobre tu abdomen –en lugar de tu mano– que puedas ver, como un paño doblado.

Inhala lenta y profundamente por las fosas nasales mientras expandes tu abdomen. Si lo estás haciendo correctamente, la mano o el objeto sobre tu abdomen debería subir más alto que la mano que está sobre tu pecho. Siente realmente el aire ingresando por tus fosas nasales, y dentro de tu pecho y abdomen.

Luego, exhala lentamente por la boca, permitiendo a tu abdomen hundirse antes que tu pecho. Una vez que domines la técnica, ya no necesitarás colocar las manos o un objeto sobre tu pecho y abdomen.

Respiración abdominal para calmar la mente

Usando las técnicas descritas arriba, inhala lenta y profundamente por las fosas nasales contando hasta seis (si no llegas a seis, no te preocupes; intenta contar hasta cuatro, o hasta donde tu capacidad pulmonar te lo permita). Imagina que aspiras todo el aire del ambiente. Una vez que tu abdomen y pecho se hayan expandido completamente, retiene el aire contando 1 – 2. Luego, exhala lentamente por la boca contando hasta ocho, mientras contraes suavemente tus músculos abdominales para asegurarte que todo el aire fue liberado (si no llegas a ocho, solo asegúrate exhalar lenta y controladamente). Haz una pausa durante un par de segundos cuando termines de exhalar.

Repite el ciclo cuatro veces más con un total de cinco respiraciones profundas. Intenta respirar a un ritmo de una respiración cada 10 segundos (o 6 inhalaciones por minuto). Atención, si te mareas, significa que estás respirando demasiado rápido. En ese caso, detente y vuelve a un estado de comodidad, y luego puedes intentar nuevamente desacelerar tu frecuencia respiratoria conscientemente.

Ahora estás listo para comenzar a practicar este ejercicio de respiración tres veces al día -durante 10 minutos cada vez- durante la semana próxima. Lleva un registro de cómo te sientes –emocional y físicamente–, a diario y al final de la semana.

> ### ¿Cómo hacer tu respiración más profunda?
>
> Puede resultarte sorprendente ver que profundizas tu respiración al exhalar todo el aire por completo, no al inhalar más aire. Para una relajación mayor, la exhalación debería ser más prolongada que la inhalación.

Una vez que te sientas cómodo con la respiración abdominal, puedes aumentar los efectos relajantes agregando palabras en lugar de contar. Por ejemplo, al inhalar puedes repetir en silencio "cálmate" o "relájate", mientras imaginas que respiras en un color calmo. Luego, al exhalar, puedes repetir en silencio "tensión" o "ira", mientras imaginas que exhalas en un color más oscuro. De esta forma, puedes imaginar que inhalas el sentimiento que desees mientras exhalas el que quieres liberar.

A lo largo del día, tómate cada tanto tiempo para enfocarte en tu respiración. ¿Es corta y superficial? ¿Larga y profunda? ¿La forma en que estás sentado (recto, en lugar de encorvado) te ayuda a inhalar más profundo? ¿Es particularmente esclarecedor notar tu respiración cuando te sientes estresado o con el humor cambiante? Lo más probable es que sea corta y poco eficaz. Pero puedes comenzar a relajarte muy rápido con unas pocas respiraciones largas, lentas y profundas. Además, siempre que sea posible, controla tu respiración cuando sientas que se aproxima un episodio no epiléptico, o justo después de que el mismo finalice. Será información muy importante para ti y tu terapeuta porque los ayudará a identificar los sentimientos de ansiedad que quizás no te diste cuenta que sufrías.

CAPÍTULO 5

CONTROL DE LA ANSIEDAD

El hombre valiente no es el que no siente miedo, sino aquel que conquista ese miedo.

Nelson Mandela

El marido de Samantha la describía como alguien a quien le encantaba preocuparse. "Si no tiene ningún motivo para preocuparse", aseguraba, "¡inventará algo!". Últimamente, se había estado preocupando por la salud de su esposo, el trabajo nuevo de su hijo, la situación financiera de la familia y, por su puesto, sus frecuentes y molestos episodios no epilépticos, entre otras cosas. Sus pensamientos parecían pasar sin control de un problema a otro y viceversa. Samantha se sentía cansada, tensa y malhumorada. Tenía la boca seca, así que comía constantemente caramelos duros para mantenerla humedecida y luego se preocupaba por el deterioro de sus dientes. Dormía mal, tenía problemas digestivos y se sentía angustiada. Cuanto más se preocupaba, más eventos psicógenos experimentaba, durante los que, de repente, se le llenaban los ojos de lágrimas y se ponía rígida.

¿Qué es la ansiedad?

Tal vez pienses que la ansiedad es lo mismo que el miedo, pero existe una diferencia. El miedo es una reacción emocional realista y focalizada a una amenaza percibida y, por lo general, dura poco. La ansiedad consiste normalmente en una preocupación y un nerviosismo sin motivo, no focalizados y generalizados que pueden persistir con el tiempo. Es posible que no haya una amenaza identificable, sino simplemente un estado de agitación e inquietud internas, sumadas a una sensación de vulnerabilidad. Con frecuencia, la ansiedad afecta a las personas que sufrieron alguna forma de trauma, lo cual es comprensible: si el trauma sacudió tu sensación esencial de seguridad, probablemente estés más alerta en general y siempre a la espera de que aparezca algún peligro. Como el trauma desempeña un rol importante en el desarrollo de la mayoría de los casos de muchas personas con CNEP también sufren de ansiedad; de hecho, los sentimientos de ansiedad pueden ser bastante constantes.

El miedo y la ansiedad están muy unidos en la respuesta de "lucha o huida", especialmente en la parte de la "huida": es el modo en que tu cuerpo te indica que no estás seguro y que debes hacer algo para protegerte. Piénsalo: cuando te pones ansioso, lo más probable es que tu primer impulso sea salir corriendo. Para ayudarte a escapar (o a quedarte y luchar, si es necesario), tu sistema nervioso simpático libera adrenalina y noradrenalina en el flujo sanguíneo. Eso provoca varios cambios involuntarios: se dilatan las pupilas (para que veas mejor), aumentan el ritmo cardíaco y la presión arterial (para bombear más sangre a los músculos), se acelera la respiración (para aumentar la absorción de oxígeno), se libera glucosa en el flujo sanguíneo (para aumentar la energía), y disminuye la actividad intestinal (porque la digestión no es vital en ese momento).

Por lo tanto, el miedo es absolutamente necesario para la preservación propia. Sin él, no sería extraño que te vieras involucrado en situaciones peligrosas, que no te protegieras y que fueras muy vulnerable a cualquier forma de ataque. O bien, tal vez no podrías reunir los recursos necesarios para luchar o huir. Solo se convierte en un problema cuando el miedo se vuelve prácticamente constante y los sentimientos de ansiedad y las reacciones corporales continúan, aunque el peligro ya no esté presente o no desempeñen ninguna función real.

En pacientes con CNEP y otros que han sufrido muchas experiencias de abuso, la respuesta corporal de "lucha o huida" se activa con tanta frecuencia que pueden experimentar una sensación casi continua de nerviosismo, temor o hipervigilancia. Si los efectos del trauma y la victimización no se resuelven, esos sentimientos de ansiedad pueden permanecer indefinidamente.

¿Cómo hacer tu respiración más profunda?

La mayoría de los pacientes con CNEP tienen niveles de ansiedad inusualmente altos que, con frecuencia, satisfacen los criterios de los trastornos de ansiedad definidos clínicamente a partir de los síntomas de la persona, los antecedentes familiares y las experiencias de vida. Los más frecuentes son el desorden por estrés postraumático (PTsD), el trastorno de ansiedad generalizada (TAG) y el trastorno de pánico (TP). Como el PTsD se describió en detalle en el capítulo 3, solo describiremos el TAG y el TP.

Trastorno de ansiedad generalizada (TAG): este trastorno se caracteriza por una sensación prácticamente constante de tensión o preocupación. Es posible que no seas capaz de identificar claramente el origen de la ansiedad, o bien que casi cualquier cosa despierte tu miedo o preocupación. Algunos síntomas del TAG son la inquietud, la irritabilidad, el nerviosismo, la tensión muscular, la falta de sueño, la dificultad para concentrarse, la respiración superficial, el sudor (cuando no se debe a la temperatura externa), la sequedad en la boca, el temblor y los problemas digestivos.

Trastorno de pánico (TP): si sufres un ataque de pánico, sentirás un temor intenso que será desproporcionado para la situación. Algunos síntomas son aceleración del ritmo cardíaco, sudor, falta de aliento, mareo, sensación de pérdida de control, aturdimiento, dolor de pecho, y sensación de ahogo. Las sensaciones pueden ser tan intensas que es posible que sientas que te mueres de un ataque cardíaco. El episodio se desencadena aparentemente "de la nada" y puede durar varios minutos. Las cosas pueden empeorar si eres excesivamente sensible o estás demasiado pendiente de tu cuerpo, ya que es posible que identifiques erróneamente sensaciones leves como el inicio de un ataque de pánico.

El diagnóstico del trastorno de pánico se basa en tres criterios: ataques de pánico frecuentes; por lo menos uno de los ataques estuvo seguido de un mes o más de preocupación por sufrir otro ataque de pánico; y, los ataques no se producen debido al abuso de sustancias, otro trastorno de salud mental que, aparentemente se produce "de la nada" y que puede durar varios minutos. Las cosas pueden empeorar si eres excesivamente sensible o si estás demasiado pendiente de tu cuerpo. Si notas que tienes alguno de esos síntomas, comunícate con un profesional de salud mental para someterte a una evaluación formal, ya que existentratamientos.

El círculo vicioso de la ansiedad

Puedes concebir la ansiedad como el motor que impulsa un círculo vicioso. Funciona del siguiente modo:

1) Percibes a través de tus sentidos (ojos, oídos) algo que interpretas como una amenaza externa.
2) Tu cerebro transmite el mensaje de "amenaza" a tu cuerpo, y se bombea adrenalina y noradrenalina en tu flujo sanguíneo.
3) Tu cuerpo se prepara para lanzar un ataque contra el enemigo o escaparse rápidamente ("lucha o huida").
4) Los cambios que se producen en tu cuerpo envían mensajes de respuesta al cerebro para confirmar que, efectivamente, se trata de una "¡emergencia!".
5) Examinas detenidamente tu entorno y pasas a "modo de hiperalerta", concentrándote cuidadosamente en todo lo que pueda ser una amenaza. Si descubres algo que parezca amenazante aun mínimamente, vuelves a comenzar en el paso 1.

Imagen5:Un gato ansioso percibe a este cachorro no amenazante como peligroso

El círculo vicioso de la ansiedad puede continuar activo y mantenerte en modo de hiperalerta durante todo el tiempo que sea necesario, lo que es estupendo si estás en un campo de batalla o escapando de una manada de animales salvajes. Pero, en algunos casos, el sistema simpático no se apaga después de que ha desaparecido la amenaza. Es posible que tu mente no tenga en claro que la amenaza real ha desaparecido, como le sucede a un soldado que regresa a su país natal pero aún permanece en una base militar, o a un niño que es adoptado tras vivir en un hogar violento o en el que lo explotaban sexualmente. O puede ser debido a un solo trauma importante para el que no se recibió apoyo psicológico. Por ejemplo, la víctima de un intento de asesinato puede continuar creyendo que está en peligro, aunque se encuentre en un entorno seguro, y mantenerse en modo de hiperalerta.

El círculo vicioso de la ansiedad también puede iniciarse y mantenerse por ciertos modos de pensar. Exagerar sucesos negativos (hacer una montaña de un grano de arena), ser muy exigente con uno mismo, esforzarse por obtener la aprobación de todos, vivir en el pasado o en el futuro, negarse a delegar tareas, y mantener una lista constante de preocupaciones actuales son actitudes que pueden aumentar la ansiedad y mantenerte en un estado de hiperalerta durante demasiado tiempo. Y ese estado de ansiedad extrema alimentará tus CNEP.

Cuando el círculo vicioso de la ansiedad es continuo, tanto el cuerpo como la mente se fatigan, se angustian y comienzan a mostrar signos de desgaste (por ejemplo, cansancio constante, dolor muscular, dolor de cabeza, problemas digestivos y cambios de peso). Si no se resuelven el trauma o el modo de pensar que originan la ansiedad, la preocupación, el nerviosismo y la inquietud pueden convertirse en la "norma" en lugar de la "excepción", y así dejarte en una mala posición para lidiar con los problemas y el estrés del día a día. La tensión emocional disminuye la capacidad de solucionar problemas y de pensar racionalmente, lo cual aumenta la sensación de desesperanza y te "paraliza" en situaciones complicadas. En ese momento, el estrés habitual de la vida diaria puede ser suficiente para provocar y mantener un nivel considerable de angustia. Por todos estos motivos, la ansiedad es uno de los blancos principales en el tratamiento de las CNEP.

Por qué las CNEP pueden agravarse cuando las cosas comienzan a salir bien

Si las experiencias negativas pueden agravar las CNEP, es lógico pensar que los sucesos alegres deberían hacer lo opuesto. Sorprendentemente, no siempre es así, debido a algo denominado *eustrés*, que significa "estrés bueno".

El estrés se origina cuando se ejerce una fuerza contra un objeto (o, en este caso, una persona), lo que genera una presión que lo tensiona, en ocasiones hasta alcanzar el punto de quiebre. El *distrés* aparece cuando la fuerza ejercida por una interacción, suceso o experiencia es potencialmente negativa o tóxica (por ejemplo, la pérdida del empleo, la ruptura de una relación importante o el llamado de cobradores en todo momento) y genera infelicidad, tensión y ansiedad. Si la fuerza ejercida es suficiente, la persona puede enfermarse o sufrir un evento no epiléptico.

El *eustrés* aparece cuando la fuerza ejercida por una interacción, suceso o experiencia es potencialmente positiva (por ejemplo, un ascenso, lograr que la chica de tus sueños acepte tener una cita contigo, casarte, tener un hijo, etc.) y, sin embargo, genera una presión psicológica y la necesidad de hacer ajustes, lo que provoca tensión y ansiedad. En consecuencia, un evento no epiléptico puede producirse también en esas situaciones

Aunque la ansiedad es una reacción emocional involuntaria, puedes hacer mucho para neutralizar el círculo vicioso de la ansiedad con cambios de pensamiento y comportamiento.

Neutralización del "círculo vicioso" – control de los síntomas de la ansiedad

"Creo que cualquiera puede conquistar el miedo haciendo las cosas que teme hacer, siempre y cuando continúe haciéndolas hasta tener un registro de experiencias exitosas".

Eleanor Roosevelt

Tus pensamientos y comportamientos no tienen vida propia, ¡aunque a veces parecería que la tuvieran! En realidad, tú y solo tú eres responsable de producirlos. Eso significa que puedes optar por reemplazarlos por pensamientos y comportamientos distintos. Y, una vez que lo hagas, los sentimientos que deriven de ellos cambiarán naturalmente. Así, al cambiar tus pensamientos y   comportamientos, puedes hacer mucho para aliviar la ansiedad, calmarte y estabilizarte. Comencemos el proceso observando tu modo de pensar y qué cambios positivos puedes hacer.

Cambia tus pensamientos

Tu mente se encuentra incesantemente activa con pensamientos que aparecen y desaparecen como pececitos de colores nadando en un estanque. La característica de ininterrupción de la mente es innegable. Intenta "poner en blanco" tu mente. Trata de no pensar en absolutamente nada durante un minuto. ¿Puedes hacerlo? Lo más probable es que, a pesar de todos tus esfuerzos, aparezcan toda clase de pensamientos ("Olvidé comprar pan", "¿Qué es ese ruido?", "Me pregunto hace cuánto estoy haciendo esto", etc.).

Si tienes una mente ansiosa, muchos de tus pensamientos automáticos serán *palabras de preocupación*. Se trata de palabras que suelen utilizar las personas ansiosas al juzgarse a sí mismas, sus vidas y su futuro. Si bien por lo general no están respaldadas por pruebas ni por la realidad, esas palabras o ideas son muy poderosas porque te definen, aun cuando no seas consciente de ellas. No obstante, una vez que las detectas y comienzas a analizarlas racionalmente, muchas de ellas simplemente se evaporan.

Toma conciencia de tus palabras de preocupación

Las palabras de preocupación se dividen en cuatro categorías: palabras extremistas, a todo o nada, para juzgar o etiquetar, y para victimizarse.

- Palabras extremistas: estas palabras definen las cosas en términos extremadamente negativos. Por ejemplo, imagina que acabas de darte cuenta de que puedes haber cometido un pequeño error en un informe que entregaste a tu jefe esta mañana. Algunas de las palabras o ideas extremistas que puedes tener son: "¿Cómo pude haber hecho algo tan **terrible**? ¡Este es el **final** de mi carrera!". Para controlar la ansiedad, es importante evitar la angustia innecesaria. No veas una catástrofe donde no la haya. Ocúpate de los problemas futuros cuando se presenten, no antes.

- *Palabras Extremistas*

    A continuación, presentamos una breve lista de palabras extremistas de uso común y algunos reemplazos realistas. Pregúntate si estas palabras e ideas te ayudan a encontrar una solución o simplemente alimentan tu ansiedad.

    - Desastre
    - Perfecto
    - Nunca
    - Imposible
    - Fracaso

- *Reemplazo de palabrasextremistas*

    En lugar de catalogar tu error como "terrible" e inmediatamente prever el final de tu carrera, un conjunto de pensamientos más razonables podría ser: "Estaba bastante apurado esta mañana y puedo haber pasado por alto ese error cuando repasé el informe. Se lo comentaré de inmediato a mi jefe para que podamos corregirlo. Esto me servirá de lección para tomarme mi tiempo de ahora en adelante".

    A continuación, presentamos algunos reemplazos realistas para las palabras extremistas presentadas anteriormente. Observa qué distinto se siente cuando cambias una palabra por la otra:

    - desastre: reemplazar por "problema"
    - perfecto: reemplazar por "bueno"
    - nunca: reemplazar por "a veces"
    - imposible: reemplazar por "desafiante"
    - fracaso: reemplazar por "menos de lo esperado"

- <u>Palabras a todo o nada</u>: estas palabras se encuentran en extremos opuestos del espectro, y no hay nada en el medio. Son exageraciones y absolutos que generan falsos dilemas porque no permiten reconocer la inmensa zona gris entre un extremo y el otro, por ejemplo, justo antes de un examen, es posible que pienses: "**Nunca jamás** me va bien en estos exámenes. **Siempre** fracaso y esta no será la excepción". Rara vez la vida es tan precisa y ordenada como las palabras a todo o nada pueden hacerte creer. Peor aún, preparan el escenario ideal para el fracaso porque no dan lugar al éxito en grados variables: "Soy bueno o malo", "Soy gordo o delgado", "Tengo razón o estoy equivocado". Prácticamente todo se vuelve imposible cuando piensas de ese modo.

- *Palabras a todo o nada*

  A continuación, presentamos una breve lista de dilemas a todo o nada que, con frecuencia, se originan por un razonamiento defectuoso. Pregúntate si realmente se trata de una situación a todo o nada, sin lugar para las reservas o las concesiones. ¿Cómo te ayudan estas palabras a ser más exitoso? ¿Te hacen sentir más ansioso?
  - perfección/fracaso
  - ganador/perdedor
  - correcto/incorrecto
  - hermoso/feo
  - siempre/nunca
  - bueno/malo
  - genio/tonto

- *Reemplazo de palabras a todo o nada*

  En lugar de ir a los extremos, reconoce que hay muchos matices de gris entre el blanco y el negro. En lugar de "Nunca me va bien en estos exámenes", sería mucho más productivo que dijeras: "Voy a hacer lo mejor que pueda". En lugar de "Siempre fracaso...", podrías decir: "Estudié mucho para este examen y ahora debo concentrarme en las respuestas, no en lo que sucedió en exámenes pasados".En pocas palabras, recuerda que ninguna persona o situación es absolutamente perfecta o un fracaso rotundo, y que gran parte de la vida transcurre entre esos dos extremos.

- <u>Palabras para juzgar o etiquetar:</u> son juicios severos sobre ti mismo que, en ocasiones, suponen el uso de insultos. Por ejemplo, supongamos que te estás preparando para ir con tus amigos a una fiesta en la piscina y que acabas de colocarte el traje de baño. Cuando te miras en el espejo, te das cuenta de que recientemente subiste de peso. Te dices a ti mismo: "¡Parezco un **cerdo**! No voy a permitir que nadie me vea   así. ¡Prefiero quedarme en casa a que mis amigos me vean así de **gordo y descuidado!**".

  Juzgarte a ti mismo severamente no es el mejor modo de motivarte; de hecho, puede tener el efecto completamente opuesto y aumentar tu ansiedad y depresión al punto de que no puedas hacer nada positivo. Entonces es muy fácil que tus juicios duros se hagan realidad. En el ejemplo anterior, cuantos menos vayas a la piscina y más permanezcas en tu casa, menos probable será que bajes de peso.

  - *Palabras para juzgar o etiquetar*

    A continuación, presentamos una breve lista de palabras para juzgar o etiquetar. Pregúntate: ¿estas palabras me ayudan a mejorar? ¿O me hacen sentir más ansioso y angustiado?

    - tonto
    - gordo
    - estúpido
    - poco popular
    - inútil
    - débil
    - lento
    - desagradable

    Las etiquetas, ya sea que provengan del interior o del exterior, pueden influir mucho en la imagen que tienes de ti mismo y en tu autoestima. También pueden hacer que se disparen tus niveles de ansiedad.

- *Reemplazo de palabras para juzgar o etiquetar* Etiquetarte a ti mismo, especialmente cuando usas términos negativos, puede hacer que esas suposiciones se vuelvan realidad. Por ejemplo, si te denominas un "fracasado", tal vez encuentres los modos de convertirte en uno. Si te dices que eres inútil, incompetente, feo o que no tienes amigos, es posible que en algún momento encarnes esos juicios, aunque no sean exactos. Así que ten cuidado de cómo te hablas y qué te dices a ti mismo sobre quién eres. En el ejemplo anterior del traje de baño, en lugar de etiquetarte como "un cerdo" o como "gordo y descuidado", ¿qué pasaría si te dijeras: "Supongo que vengo comiendo más de lo que debería. De acuerdo, esto es un llamado de atención y ahora mismo tomaré una importante decisión. Hoy nadaré por lo menos diez largos y empezaré a comer mejor. ¿Y mañana comenzaré con una rutina de ejercicios"?

- Palabras para victimizarse: estas palabras subestiman tu capacidad de hacer frente a los desafíos de la vida. Por ejemplo, supongamos que no obtuviste un aumento de sueldo en tres años y que es hora de que enfrentes a tu jefe y se lo exijas. Te dices a ti mismo: "**No puedo** hablar de esto con mi jefe. Me resulta **imposible** hacerme entender y sé que no me va a escuchar". Cuando te ves a ti mismo como víctima o como una persona débil, aceptas tus circunstancias y te vuelves pasivo. Solo aguantas y sobrevives, pero no prosperas. Te has dado por vencido y, en esas circunstancias, es difícil que se produzcan cambios positivos.

  - *Palabras para victimizarse*

    A continuación, presentamos una breve lista de palabras o expresiones para victimizarse. Pregúntate de qué forma te ayudan esas palabras o expresiones a realizar un cambio positivo en tu situación actual. ¿Te hacen sentir más ansioso e inseguro?

- No puedo
- Es imposible
- Soy débil
- Soy un perdedor
- Nunca obtengo lo que quiero
- Estaré estancado para siempre
- No va a suceder nada Bueno

- *Reemplazo de palabras para victimizarse*

  En lugar de decir "No puedo hablar con mi jefe..." o "Me resulta imposible hacerme entender...", esfuérzate por confeccionar un plan de acción y di: "Voy a escribir algunos motivos por los que merezco un aumento. Primero voy a practicar con un amigo, así, cuando hable con mi jefe, podré expresarme claramente". Visualiza el final que deseas lograr y usa palabras que confirmen esa visión. Parafraseando a Mahatma Gandhi: tus pensamientos se convierten en tus palabras, tus palabras se convierten en tus acciones y tus acciones se convierten en tus hábitos. Por lo tanto, háblate a ti mismo de modo positivo.

Presta atención a tus palabras de preocupación

Es posible que tus palabras de preocupación y pensamientos negativos parezcan tener vida propia, ya que la mayoría de nosotros ni siquiera somos conscientes de que éstos se disparan dentro y fuera de nuestra conciencia. No obstante, en realidad, te pertenecen. Así que controla tus palabras de preocupación y pensamientos angustiantes; comienza por prestar atención a la conversación constante que se desarrolla en tu mente (especialmente cuando estás angustiado) y empieza a guardar un registro de esos pensamientos.

Lleva contigo un pequeño anotador en el que puedas apuntar las palabras y pensamientos que te vienen a la mente cuando estás estresado. ¿Alguno de ellos pertenece a las categorías que observamos anteriormente? ¿Se presentan palabras extremistas o "a todo o nada"? ¿Y palabras para juzgar o etiquetar, o para victimizarse?

Cuando descubras palabras o pensamientos de   preocupación, ¡hazles frente! Existen infinitos modos de interpretar un evento; este es apenas uno de ellos. Puedes pararlos en seco utilizando la lógica. Por ejemplo, pregúntate: ¿cuánta probabilidad hay de que esa cosa tanterrible que te imaginas suceda en realidad? ¿Cuántas veces sucedió en el pasado? ¿Qué tan importante es en verdad? ¿Seguirá siendo importante en un mes o en un año? ¿Qué es lo más grave que puede suceder? Es probable que tus palabras o pensamientos de preocupación no resistan este análisis.

A continuación, intenta convertir esa palabra o pensamiento en algo positivo, o al menos en algo menos trágico. Descubrirás que tus sentimientos también cambian y que aparecen nuevas soluciones y modos de acción.

En pocas palabras, el modo en que piensas en una situación y las palabras que usas para describirla influirán en tus niveles de ansiedad y tus sentimientos para contigo mismo. También influirán en tus intentos por solucionar los problemas, para bien o para mal. Recuerda que puedes elegir tus palabras y pensamientos, lo que significa que el poder de reducir la cantidad de ansiedad que sientes está en tus manos.

Cambia tu comportamiento

También puedes neutralizar el círculo vicioso de la ansiedad al cambiar tu comportamiento. Dos de los cambios de comportamiento más importantes que puedes hacer son simplificar tu vida y enfrentarte a lo que temes.

Simplifica tu vida

Sin dudas, te piden que realices todo tipo de actividades en casa, en el trabajo, en el colegio y en los distintos entornos sociales. La capacidad de realizar varias tareas al mismo tiempo está generalizada en nuestra sociedad: la mayoría de nosotros está en contacto casi constante con otros a través de teléfonos celulares y otros dispositivos electrónicos, los medios sociales, etcétera. Creemos que todo eso nos hace más eficientes y productivos, pero, en realidad, puede derivar en la ineficiencia y el cansancio físico y mental. Si quieres aliviar la ansiedad, un buen modo de comenzar es simplificar tu vida. Puedes hacerlo priorizando, concentrándote en una sola cosa a la vez, reduciendo el desorden, diciendo "no" con más frecuencia y permitiendo que los demás te ayuden.

- <u>Prioriza</u>: comienza concentrándote en lo que realmente debes hacer hoy y confecciona una lista. Las listas son un buen modo de reunir en un solo lugar el torbellino de actividades pendientes que revolotean en tu cabeza. A continuación, organízalas por orden de importancia. Ahora haz una segunda lista con algunas de las cosas que quisieras hacer hoy pero que, de ser necesario, pueden esperar y clasifícalas también por orden de importancia. Cuando hayas terminado, observa las dos listas. ¿Hay algo en cualquiera de las dos listas que puedes delegar a otra persona o simplemente eliminar? Una vez que hayas acortado tus listas, concéntrate en hacer solamente las cosas de la primera, las que debes hacer hoy sí o sí.

- <u>Concéntrate en una sola cosa</u>: establece cuál es la primera actividad de tu lista. Concéntrate completamente en esa y dedícate exclusivamente a realizarla. No recibas llamadas ni revises los correos electrónicos o mensajes de texto, no almuerces ni hagas nada más mientras estés ocupado con esa actividad. Si piensas en otras actividades o se te presentan otras demandas, probablemente ya estén en tu lista. Piensa que ya te ocuparás de ellas. Si no están en la lista, anótalas y retoma tu actividad en curso. Es de vital importancia que te *mantengas concentrado en el momento*. De ese modo, aumentan en gran medida las probabilidades de que realmente completes la tarea, lo cual ayudará mucho a reducir tu ansiedad.

- <u>Reduce el desorden</u>: un modo muy básico y concreto de simplificar tu vida es ocuparte del desorden y el caos de tu casa, habitación u oficina. Vivir o trabajar en un ambiente desordenado puede distraerte y contribuir a generar una sensación de inestabilidad. También puede ser un indicador del pandemónium que se desarrolla en tu cabeza. El mero hecho de organizar tu ambiente puede tener un efecto calmante y estabilizador en tu mente y reducir tus niveles de ansiedad. Tal vez pienses que no tienes tiempo de ordenar con todo lo que sucede en tu vida. Pero hazte el tiempo. Reducir el desorden te ayudará mucho a limpiar no solo tu entorno, sino también tu mente, lo cual te permitirá ser más eficiente. Y eso, por supuesto, reducirá tus niveles de estrés.

- Di "no" con más frecuencia: si tienes problemas de ansiedad, probablemente también tengas problemas para defenderte a ti mismo, expresar tus sentimientos y decir que no a los pedidos de los demás (lee el capítulo 4). Proponte ser más directo a la hora de expresarte, dejando en claro qué estás dispuesto a hacer y qué no. No es necesario que te comportes como una mala persona: basta con que mires al otro a los ojos y le expliques que comprendes su pedido, pero que simplemente no puedes hacerlo en ese momento. Si lo deseas, puedes darle un breve motivo; si no, solo dile que no es posible. Tienes derecho a decir que no; no permitas que nadie te convenza de lo contrario. Unos cuantos pacientes con CNEP encuentran difícil reconocer sus límites y pueden tener tendencia a asumir demasiados desafíos y responsabilidades nuevos, sin darse cuenta de cuán sobrecargados ya están. Si tienes esa tendencia, puede resultarte útil esta frase: "te respondo en un rato". Eso proporciona tiempo para analizar la decisión de manera realista en función de las demandas presentes.

- Permite que los demás te ayuden: las personas ansiosas a menudo sienten que son los únicos que pueden realizar ciertas tareas y no confían en que los demás harán el trabajo como corresponde. Si bien esto puede ser cierto en algunos casos, si sientes constantemente que tienes que hacer todo por tu cuenta, estás llevando una carga muy pesada, especialmente al lidiar con las presiones de las CNEP. Y eso puede aumentar tu ansiedad. Delega más seguido; deja que tus hijos te ayuden con las tareas del hogar, pide a tu cónyuge que te ayude a hacer las compras, permite que otra persona sea el anfitrión de la cena para las fiestas este año. También puedes evaluar la opción de contratar un ayudante; tal vez alguien que se encargue de la limpieza de la casa y de la jardinería. Si puedes reducir tu carga, te sentirás menos ansioso y desempeñarás mejor las tareas que te reservas para ti mismo.

Enfréntate a lo que temes

La ansiedad prospera con la evasión: cuanto más te alejes de algo a lo que le temes, más intensos serán tus sentimientos de ansiedad. Por supuesto, tener algo de miedo es bueno y necesario para la supervivencia. Pero debes enfrentarte a los miedos que no son realistas o que crecieron hasta el punto de volverse insalubres, como sucedió con mi paciente Ana (ten en cuenta que este proceso requiere la asistencia de un terapeuta, ya que las reacciones emocionales pueden ser intensas).

Ana había sido víctima de abuso sexual por parte de varios parientes varones de los 3 a los 16 años. Si bien soñaba con casarse y tener hijos algún día, sufría intensos sentimientos de miedo e ira cuando un hombre se le acercaba, aunque solo fuera para pedirle direcciones o sentarse junto a ella en el autobús. Su reacción natural era alejarse de todos los hombres, con lo cual su ansiedad e ira desaparecían momentáneamente. Pero eso también mantenía su ansiedad, su ira subyacente y su infelicidad vivas y activas. Y, obviamente, no iba a poder casarse y tener hijos si seguía sin resolver su problema.

Un terapeuta puede comenzar a trabajar con alguien como Ana pidiéndole que hable de sus sentimientos de ansiedad en el consultorio, ayudándola a identificar cuándo aparecieron, y descubriendo cómo lidió con ellos en el pasado. De ese modo, el terapeuta recopila información muy importante, y Ana inicia el proceso de enfrentarse a sus miedos en un ambiente seguro. Con solo hablar de sus miedos, Ana empieza a enfrentarse a ellos. Luego, dependiendo del modo en que trabaje el terapeuta, Ana puede trabajar sus comportamientos evasivos más directamente, por ejemplo, mirando fotografías de hombres en el consultorio o sentándose junto a un hombre en la sala de espera, en el autobús o en un restaurante. Su terapeuta puede trabajar con cuidado para ayudarla a escoger ejercicios seguros y controlar y regular su ansiedad para reducirla hasta alcanzar niveles normales.

Por supuesto, existen ocasiones en las que no puedes confrontar las cosas a las que temes de manera gradual, porque es posible que sean intangibles o que estén exclusivamente en tu cabeza, como el miedo a perder a un ser amado o a que te despidan del trabajo. En esos casos, puedes "enfrentarte" a tu ansiedad imaginando el evento. Esto puede parecer contrario al sentido común: en lugar de hacer un esfuerzo por evadir la preocupación, te sumerges de lleno en ella. Un enfoqueextremo consiste en dedicarte a analizar los peores resultados posibles. Haz que tu miedo sea lo más grande y exagerado posible y mantente concentrado en él. Te acercarás cada vez más a tu peor miedo imaginable y te permitirás mirarlo a los ojos. Sorprendentemente, cuando los miedos poco realistas se enfrentan frontalmente, tienden adisolverse.

Por ejemplo, Jamie, de 24 años, perdió su trabajo hace dos años por haber llegado tarde y por olvidarse de completar ciertas tareas importantes. Logró encontrar otro trabajo, pero vive con el miedo constante de que la despidan nuevamente. Y, como está tan ansiosa, comete incluso más errores en el trabajo de los que cometería normalmente. En el último tiempo, también comenzó a tartamudear intermitentemente y a tener temblores en las manos, por lo cual decidió visitar a un terapeuta. Después de hacerse una clara imagen de su situación, el terapeuta decide ayudar a Jamie a tratar su miedo invitándola a visualizar su peor escenario. Jamie acepta el desafío e imagina que acaba de olvidarse de hacer algo realmente importante en el trabajo, su jefe le está gritando, sus compañeros la rodean y se ríen de ella, y le acaban de decir que empaque sus cosas y se marche. Es probable que hasta se imagine detalles tan minuciosos como vaciar su escritorio, llevar sus cosas hasta el automóvil en una caja de cartón, oír comentarios desagradables a sus espaldas mientras sale del edificio, etcétera. Cuanto más detallada sea la imagen, mejor, porque sacará a la luz algunos miedos no expresados que Jamie venía conteniendo. La ayudará a darse cuenta de que algunos de sus miedos son bastante poco realistas y a entender la diferencia entre los miedos infundados y los reales Incluso es posible que

Jamie encuentre la situación algo cómica, lo cual sería   fantástico.

Tal vez te parezca sorprendente que visualizar tus peores pesadillas en detalle pueda ayudarte a disminuir o incluso disipar la ansiedad. Así y todo, esta técnica de "exposición" es muy conocida y, con frecuencia, eficaz. Si bien es posible que quieras probar por tu cuenta este ejercicio u otras técnicas explicadas en este capítulo, es importante que recuerdes que, si se elevan tus niveles de ansiedad, debes detenerte y buscar la ayuda de un terapeuta profesional.

Control de las CNEP mediante la reducción de la ansiedad

Tus pensamientos y comportamientos influyen considerablemente en cómo te sientes. El mero hecho de tener ciertos tipos de pensamientos o utilizar ciertos tipos de palabras cuando te hablas a ti mismo puede aumentar tus sentimientos de ansiedad, lo que perfectamente puede provocar episodios de CNEP. Tus comportamientos pueden también aumentar los niveles de ansiedad, especialmente si llevas una vida caótica, sobrecargada y multifacética, y si habitualmente evitas enfrentarte a tus miedos. No obstante, si despojas tus pensamientos de "palabras de preocupación", tomas las medidas necesarias para simplificar tu vida y te enfrentas a las cosas a las que más temes, puedes neutralizar el "círculo vicioso de la ansiedad", convertirte en una persona más calma y centrada y reducir las probabilidades de sufrir futuros episodios de CNEP. Al realizar estos cambios importantes en tus modos de pensar y comportarte, tendrás naturalmente un mayor sentido de bienestar y autocontrol y estarás más saludable, tanto física como mentalmente.

Ejercicio 3: Entrenamiento autógeno

"Autógeno" significa "autogenerado", y el entrenamiento autógeno es una forma de autohipnosis desarrollada por el psiquiatra Johannes Heinrich Schultz hace más de 80 años. Supone el uso de un conjunto de verbalizaciones para inducir un estado de relajación y es un claro ejemplo de cómo puedes utilizar tus pensamientos para controlar tus sensaciones corporales y respuestas emocionales. El entrenamiento autógeno puede disminuir tu ansiedad casi inmediatamente.

En nuestro Programa de Tratamiento de CNEP, enseñamos a nuestros pacientes esta técnica desde el principio y les pedimos que la practiquen periódicamente, ya que es una poderosa técnica con excelentes beneficios para las CNEP.

Puedes practicar este ejercicio sentado en un sillón cómodo o acostado. Comienza por inspirar y espirar suavemente unas pocas veces y luego cerrar los ojos. Presta atención a tu mano derecha. Concéntrate en cómo la sientes. ¿Está cálida? ¿Fría? ¿Sientes hormigueo? ¿Está relajada?

Ahora relaja completamente la mano y, en silencio y con calma, comienza a repetirte esta frase: "Mi mano derecha está pesada... está muy pesada... está cada vez más pesada... más pesada... más pesada". Permítete sentir el peso cada vez mayor de la mano. Deberías sentir que la mano se hunde en el apoyabrazos o en el suelo por la mera fuerza de la gravedad. Conserva esa sensación. Dite a ti mismo: "Mi mano derecha se está volviendo tan pesada que, aunque lo intentara, no podría levantarla". Presta atención a esa sensación.

A continuación, concéntrate en tu brazo derecho, relájalo por completo y haz lo mismo que hiciste con la mano derecha.

"Mi brazo derecho está pesado... está cada vez más pesado... más pesado... más pesado". Permítete sentir el peso cada vez mayor del brazo y conserva esa sensación. Dite a ti mismo: "Mi brazo derecho se está volviendo tan pesado y relajado que, aunque lo intentara, no podría levantarlo".

Ahora combina la sensación de pesadez del brazo con la sensación de pesadez de la mano y repítete: "Siento la mano y el brazo derechos muy, muy cálidos, pesados y relajados". Toda la tensión que puedas estar sintiendo fluye a través de las puntas de los dedos hacia el suelo, y tienes la mano y el brazo derechos completamente relajados.

Deja la mano y el brazo derechos con esa sensación de pesadez y relajación, y ahora concentra la atención en la mano izquierda. Sigue el mismo procedimiento, pasando gradualmente de la mano izquierda al brazo izquierdo y, luego, combina los dos.

Cuando sientas las dos manos y los dos brazos muy pesados y relajados, concéntrate en el pie derecho y, posteriormente, en la pierna derecha, siguiendo la misma técnica. Luego dirige la atención al pie y a la pierna izquierdos.

Ahora concéntrate en las caderas y relájalas por completo. Dite a ti mismo: "Siento las caderas muy, muy pesadas y relajadas. Se están hundiendo en el sillón como si estuviera sentado sobre una nube muy suave y resistente. Están muy pesadas, cálidas y relajadas". Siente los glúteos hundiéndose en el sillón y empujando hacia el suelo.

Cuando hayas terminado con estos pasos, deja que tu mente se concentre en cualquier otra parte del cuerpo, como la espalda, el cuello, el pecho, la cabeza o el rostro, relajando esa zona por completo y sintiendo que se vuelve muy pesada. El ejercicio completo puede durar 30 minutos o más.

Una vez que hayas relajado todo el cuerpo, permítete disfrutar de esa sensación de calidez y pesadez. Luego imagina que te estás relajando en la situación más confortable que puedas concebir. Puede ser una tina caliente, estar tomando sol tendido sobre el pasto en una verde pradera o acostado en la playa oyendo el suave romper de las olas y sintiendo el sol cálido y la brisa fresca. Permanece en ese estado de relajación todo lo que puedas.

Luego comienza a mover lentamente los dedos de las manos y los pies, flexiona las manos y las muñecas, mueve suavemente los brazos, las piernas y los hombros, y abre de a poco los ojos. Respira hondo y disfruta de esa sensación de estar completamente libre de tensión y ansiedad. Esa sensación la tendrás siempre a mano; basta con que hagas un alto, respires hondo y comiences a hacer el ejercicio. Es así de simple.

CAPÍTULO 6

SURGIR DE LAS SOMBRAS DE LA DEPRESIÓN/PSICOLOGÍA POSITIVA

Nunca te rindas. No existe algo llamado final. Solo un nuevo comienzo.

Anónimo

Alba entró despacio a mi consultorio, se dejó caer en una silla y miró hacia el piso. Me dijo que se estaba sintiendo triste, y se puso a llorar. Me contó que ya no hacía las actividades que solía realizar, y habló de sí misma con tono crítico, culpando a sus CNEP de unaserie de debilidades personales. Estaba preocupada especialmente por ciertas nimiedades que le había dicho a su hermano cuando eran niños. Alba comentó que no estaba durmiendo bien, que no podía dejar de atracarse con dulces, y que había aumentado 25 libras (11 kg) en solo tres meses. Cuando le pregunté si alguna vez había pensado en suicidarse, admitió que había tenido pensamientos fugaces pero que nunca pudo hacerlo debido a sus creencias religiosas y al efecto que hubiera tenido en su madre. Se encontraba, claramente, al borde de una depresión importante.

La depresión, sentirse desesperanzado, desamparado y triste, viene del latín *deprimĕre*, que significa "hundir". Y cuando estás deprimido, puedes sentir que algo pesado te presiona hacia abajo y no afloja. Mientras que la tristeza es una respuesta totalmente normal y natural a las dificultades y frustraciones de la vida, especialmente en eventos graves como la muerte de un ser querido o la pérdida de un trabajo, la depresión es diferente. Los sentimientos "de bajón" deberían resolverse con el tiempo, especialmente después de haber tenido un tiempo para reflexionar, reorganizar y resolver los sentimientos. A veces puede ser útil, y hasta necesario, ver a un terapeuta, aunque sea unas pocas sesiones. Y pronto deberías retomar tu estado de ánimo normal.

¿Pero qué ocurre cuando los sentimientos "de bajón" son más intensos o prolongados que lo que la situación justifica? ¿O si parecen surgir sin razón aparente? Ahí es cuando el problema puede convertirse en un trastorno grave llamado *trastorno depresivo mayor* (MDD por sus siglas en inglés) que interfiere con tu vida, tanto personal como profesional, y causa un dolor permanente e innecesario a ti y a tus seres queridos. La depresión es una frecuente compañera de las CNEP y– comprensiblemente– agrava el trastorno aún más. Esto significa que si sufres CNEP, tienes mayor predisposición a deprimirte debido a las limitaciones que causa y a los efectos de los episodios en tus actividades cotidianas. La depresión, a su vez, puede empeorar tus CNEP aún más al agregar angustia y sentimientos de desesperanza e impotencia. La depresión mayor implica tratamiento profesional, y cuanto antes se comience éste, mejor.

¿Cómo saber si tu depresión es grave?

Cuando estás deprimido, probablemente te das cuenta, pero quizás no puedes diferenciar si es el tipo de depresión que realmente es un problema. Esta es una lista de síntomas del trastorno depresivo mayor:

- Tristeza constante
- Pérdida del placer de hacer cosas que solías disfrutar
- Ganas de llorar
- Sentimiento de culpa
- Sentirse inútil
- Desesperanza
- Desprecio a ti mismo
- Cambios en los hábitos de sueño (ya sea insomnio o dormir demasiado)
- Cambios en el apetito (ya sea no tener apetito o darse atracones)
- Fatiga
- Manifestaciones somáticas (dolor de cabeza continuo, dolor corporal, calambres, problemas digestivos)
- Dificultad para concentrarse o tomar decisiones
- Pensamientos suicidas

Imagen 6: La depresión puede ser tan grave como para alterar las percepciones realistas. En esta imagen, esta mujer atractiva se ve horrible.

Si cualquiera de estos síntomas durase dos semanas o más y eso alterara significativamente tu vida cotidiana (tu trabajo, tu vida familiar y/o tu cuidado personal), probablemente sufras un trastorno depresivo mayor. Dado que es una enfermedad psiquiátrica muy grave y que puede agravar tus CNEP, es imperioso que veas a un profesional de salud mental enseguida.

Otros tipos de depresión

Además del trastorno depresivo mayor (MDD), existe una variedad de trastornos depresivos y subcategorías que pueden afectar a los que sufren CNEP. Dos de los más comunes son el trastorno distímico y el trastorno bipolar. Quizás reconozcas en ti algunos –o muchos– de los síntomas que figuran debajo. De ser así, comunícate con un profesional de salud mental para que te evalúe formalmente.

Trastorno distímico – Una persona con trastorno distímico aparenta *haberse* deprimido. Los sentimientos depresivos están presentes durante la mayor parte del día, la mayoría de los días, durante al menos dos años, aunque puede ser difícil identificar exactamente cuándo comenzó la depresión. Su actitud sombría y pesimista tuvo repercusiones negativas en casi todos los aspectos de su vida. Aunque los síntomas pueden ser menos intensos que los que se presentan en casos de MDD, son crónicos y dañinos.

Trastorno bipolar (Bipolar I) – El trastorno bipolar se caracteriza por un ciclo de cambios en el estado de ánimo que va desde la manía ("euforias altas") a la depresión ("tristezas profundas"). Durante un episodio maníaco, la persona experimenta un estado de ánimo excepcionalmente eufórico acompañado de un comportamiento anormal que altera su vida. Durante las etapas iniciales, hay un aumento de energía, creatividad y productividad que puede sentirse como algo muy positivo. Pero a medida que el episodio avanza, la persona puede ponerse inquieta e irritable, tener problemas para dormir, y hasta mantenerse despierta durante días. Pensamientos acelerados, comportamiento imprudente (promiscuidad sexual o vivir de juerga), una imagen de sí mismo aumentada y delirios de grandeza son características típicas, con pensamientos tales como, "Mi invento salvará al mundo", o "¡Compraré alimento para el pueblo entero!".

La depresión que sigue a esto, inevitablemente, es muy parecida a un episodio depresivo mayor, con tristeza continua, pérdida de energía, cambios en el apetito y en los hábitos de sueño, desprecio a ti mismo, y problemas para concentrarte. El ciclo de altos y bajos puede ser terrible de experimentar.

Sin duda alguna, uno o más síndromes depresivos combinados con CNEP complicarán la enfermedad, haciendo que el tratamiento profesional sea aún más necesario.

¿Qué causa la depresión y quiénes están expuestos?

Entre los adultos estadounidenses, aproximadamente 1 de cada 10 informan sufrir de depresión[10], y alrededor del 6,7% sufren MDD[11], una forma grave y de mayor duración del trastorno. Y existen muchísimos casos sin informar y personas sin tratamiento. Primero, la depresión suele presentarse en los más jóvenes (de adolescentes a treintañeros), siendo los 32 la edad promedio del diagnóstico[12]. Las mujeres son particularmente más propensas; en comparación con los hombres, tienen un 70% más de probabilidades de sufrir de depresión en algún momento de la vida[13]. La etnia parece jugar también un rol importante: los negros, los hispanos y los no hispanos de otras razas o de razas diversas tienen mayor probabilidad de sufrir una depresión   mayor[14].

---

10 Centers for Disease Control and Prevention website: "An Estimated 1 in 10 U|S| Adults Report Depression|" http://www|cdc|gov/Features/dsDepression/ (Viewed 7/23/13|)
11 National Institute of Mental Health website: "What Is Depression?" http://www| nimh|n ih|gov/health/topics/depression/index|shtml (Viewed 7/23/13|)
12 Ibid
13 Ibid
14 Centers for Disease Control and Prevention website: "An Estimated 1 in 10 U|S| Adults Report Depression|" http://www|cdc|gov/Features/dsDepression/ (Viewed 7/23/13|)

Factores de riesgo para la depresión

Existe una variedad de causas potenciales o factores de riesgo para la depresión: genéticos, físicos/ambientales, psicológicos, y también factores bioquímicos.

factores genéticos – Los que sufren trastorno depresivo mayor tienen un número significativamente mayor de parientes en primer grado de consanguineidad con esta enfermedad. Es decir que los que tienen una historia familiar de depresión tienen muchas más probabilidades de desarrollarla. También hay una asociación genética fuerte entre la depresión mayor y la dependencia al alcohol, y viceversa.

factores físicos/ambientales – Los traumas físicos, las enfermedades graves, el abuso de sustancias, o un ambiente abusivo/traumático pueden tanto contribuir como coexistir con la depresión. El abuso emocional, físico y sexual está altamente relacionado con la depresión en edad más avanzada, mientras que casi el 30% de los que tienen problemas con el abuso de sustancias están clínicamente deprimidos. A la depresión mayor se la conoce por estar íntimamente asociada con enfermedades crónicas tales como la diabetes, las enfermedades cardíacas, y la artritis.

factores psicológicos – Experimentar una pérdida o muerte, aislamiento social, traumas psicológicos o conflictos interpersonales puede contribuir al desarrollo de la depresión mayor. También puede ser causada por eventos importantes de la vida, ya sean negativos como la pérdida del trabajo o divorciarse, o positivos como obtener un ascenso desafiante o graduarse de la universidad.

factores bioquímicos – Tomar ciertas sustancias o medicamentos puede aumentar la probabilidad de deprimirse (lee el cuadro a continuación)

Drogas que pueden estar asociadas a la depresión

Ciertas sustancias (recetadas y recreativas) pueden menoscabar el estado de ánimo o aumentar la depresión. Entre ellas se incluyen:

- alcohol
- anticonvulsivos (por ej.: Tegretol, Neurontin, Topamax)
- benzodiazepinas (hipnóticos. Por ej.: Xanax, Valium, Ativan, Halcion y otros tranquilizantes)
- betabloqueantes (por ej.: Lopressor®, Tenormin®, Normodyne®)
- cocaína
- corticosteroides (por ej.: Deltasone®, Medrol®)
- estrógenos (por ej.: Premarin®, píldoras anticonceptivas)
- opiáceos (por ej.: Demerol®, Darvon, morfina, heroína)
- medicamentos para el Parkinson (por ej.: Atamet®, Sinemet®)
- estatinas (por ej.: Lipitor®, Crestor®, Zocor®)
- estimulantes (por ej.: Ritalin®, Provigil®, metanfetaminas)

Si tomas alguna de las medicaciones que figuran en las categorías mencionadas arriba y tu estado de ánimo ha decaído, pregúntale a tu médico sobre su efecto potencial en el estado de ánimo. Quizás él quiera considerar reemplazarla por una diferente que no tenga efectos depresivos. Si actualmente consumes alcohol o drogas recreativas, deberías hablarlo abiertamente con tu terapeuta o tu médico.

Depresión y CNEP

Durante mucho tiempo, la depresión ha sido identificada como un trastorno que coexiste con las CNEP. Los traumas psicológicos y/o el abuso frecuente contribuyen a la depresión, así que si un paciente con CNEP también sufre de PTsD, es posible que coexista con la depresión.

Los sentimientos de ira no resueltos asociados con el abuso y el trauma pueden llevar al hábito de ver las cosas de forma negativa, viendo el trastorno actual como algo sin solución, y fracasando en delinear estrategias eficaces en la solución de problemas. Pero aun si no ha habido trauma o abuso, los que sufren CNEP pueden haber experimentado depresión antes de que comenzaran las CNEP o hasta haberse deprimido debido al estrés extremo asociado a la enfermedad y la falta de ayuda psicológica. Finalmente, dado que pocas personas comprenden las CNEP (incluidos los profesionales de la salud y familiares) y la pérdida de control y ciertas limitaciones que sigue a los episodios, los sentimientos de depresión, desesperanza e impotencia pueden empeorar.

Tratar la depresión

Existen dos formas principales de tratar la depresión: con medicación y con psicoterapia. En las últimas décadas, los medicamentos para la depresión han progresado admirablemente y ahora existen opciones farmacológicas para "alzar la cortina" de la depresión clínica (tantos, de hecho, que encontrar el correcto ¡puede ser todo un desafío!). La psicoterapia es el otro componente muy valioso del tratamiento, y muchos estudios han descubierto que, para la depresión mayor crónica, el "tratamiento combinado" (medicación más psicoterapia) es significativamente superior a cualquier tratamiento aislado[15].

Dado que el tratamiento combinado es tan eficaz, desarrollaremos tanto las medicaciones como la psicoterapia. Sin embargo, como la mayoría de las variantes de psicoterapia ya han sido discutidas en el capítulo 2, en este solo nos enfocaremos en la Psicología Positiva, un modelo de tratamiento desarrollado en los años 90 que es particularmente útil para tratar la depresión.

Medicación

Ten en cuenta que este es un resumen muy breve del tratamiento psicofarmacológico y que solo se lo expone como una introducción.

---

15 Arnow BA, Constantino MJ. Effectiveness of psychotherapy and combination treatment for chronic depression *J ClinPsychol* 2003;59(8):893-905

La mayoría de los medicamentos antidepresivos trabajan alterando la química el cerebro con el objeto de mejorar el estado de ánimo. Lo hacen enlenteciendo la tasa de eliminación de químicos del cerebro llamados neurotransmisores, que ayudan a controlar el estado de ánimo. Los neurotransmisores más importantes en el control del estadode ánimo son la serotonina, la norepinefrina y la dopamina que, en los casos de personas deprimidas, se presentan en niveles anormalmente bajos. La lógica detrás de los medicamentos antidepresivos es que aumentar la cantidad disponible de uno o más de estos neurotransmisores restablecerá el equilibrio químico normal al cerebro que, a su vez, aliviará la depresión.

De los tres neurotransmisores principales, la serotonina es el que suelen atacar los antidepresivos. Se cree que los niveles bajos de serotonina están relacionados no solo con la depresión, sino también con la apatía, la ansiedad, el trastorno de pánico, el control deficiente de los impulsos, el trastorno obsesivo-compulsivo, los atracones, y el insomnio. Y elevar los niveles disponibles de serotonina en el cerebro parece ser efectivo al momento de tratar todas estas enfermedades. Sin embargo, los efectos no se manifiestan necesariamente de inmediato: la mayoría de las personas deben tomar antidepresivos durante 2 a 6 semanas antes de notar algún beneficio.

Tipos de antidepresivos

Existen varios tipos de antidepresivos –algunos más viejos, otros más nuevos–, y sus efectos varían según la persona. Por eso es posible que lo que le sirve a un amigo tuyo o a tu hermano quizás no te sirva a ti, y por eso es posible que encontrar el antidepresivo "correcto" para ti quizás implique un poco de prueba y error. Esta es una breve descripción de los tres tipos de antidepresivos principales y de sus pros y contras:

Antidepresivos tricíclicos

Los tricíclicos –así llamados porque su estructura química consiste en una cadena de tres anillos de átomos– fueron desarrollados en los años 50. Trabajan bloqueando fuertemente la absorción de la serotonina y de la norepinefrina en el cerebro, permitiendo la disponibilidad de niveles más altos de estos neurotransmisores. Pero los tricíclicos también afectan a varios de otros mensajeros químicos en el cerebro, lo que puede tener como resultado una larga lista de efectos secundarios que incluyen boca seca, somnolencia, problemas sexuales, aumento de peso, retención urinaria, presión arterial baja, alta frecuencia cardíaca, y visión borrosa. Debido a esto, pocos médicos los recetan, y prefieren los medicamentos más nuevos con menos efectos secundarios. Sin embargo, en algunos casos, los tricíclicos trabajan cuando otros antidepresivos no, lo que los convierte en una opción viable.

Antidepresivos tricíclicos recetados comúnmente:
Amitriptilina (Elavil®)
Desipramina (Norpramin®)
Imipramina (Tofranil®)
Nortriptilina (Pamelor®)

Inhibidores selectivos de la recaptación de serotonina (ISRS)
Presentados por primera vez en los años 80, los ISRS se desarrollaron para llenar una necesidad de antidepresivos que trabajaran como los tricíclicos pero que no tuvieran tantos efectos secundarios. Como los tricíclicos, los ISRS inhiben fuertemente la recaptación de serotonina, pero solo inhiben ligeramente la recaptación de norepinefrina y no afectan a otros neuroreceptores en el cerebro. Como resultado, no producen efectos secundarios tales como boca seca, alta frecuencia cardíaca, baja de la presión arterial, retención urinaria, etc. En resumen, en la mayoría de los casos, alivian la depresión como los tricíclicos, sin sus funestos efectos secundarios.

ISRS recetados comúnmente:
Fluoxetina (Prozac®)
Fluvoxamina (Luvox®)
Paroxetina (Paxil®)
Sertralina (Zoloft®)

Inhibidores de la recaptación de serotonina y norepinefrina (SNRI por sus siglas en inglés)

Los SNRI ingresaron al mercado en los años 90, y se los utiliza principalmente cuando se comprueba que los ISRS no fueron eficaces. Como los antidepresivos tricíclicos, los SNRI inhiben fuertemente la recaptación tanto de serotonina como de norepinefrina, lo que alivia no solo la depresión sino también la ansiedad. Sin embargo, no afectan a otros mensajeros químicos en el cerebro, lo que implica que no causan muchos de los efectos secundarios que se ven con los tricíclicos. También actúan como analgésicos, ayudando a aliviar muchos de los dolorosos síntomas físicos de la depresión.

SNRI recetados comúnmente: Nefazodona (Serzone®)
Venlafaxina (Effexor®)

En caso que decidieras dejar de tomar un antidepresivo porque los efectos secundarios son insoportables o porque te sientes mejor y crees que ya no lo necesitas, asegúrate de avisarle a tu médico. La disminución de la ingesta de algunos antidepresivos necesita hacerse gradualmente, o podrían surgir problemas significativos.

Psicoterapia

La psicoterapia ("la terapia de conversación") puede ser una forma muy eficaz de aliviar la depresión. Entre otras cosas, puede reducir el estrés, ofrecer una perspectiva y soluciones nuevas a tus problemas, ayudarte a cumplir los regímenes de medicación, y enseñarte formas nuevas y más eficaces de interactuar con otros. La psicoterapia para la depresión tiene tres objetivos principales:

- *educar sobre el diagnóstico y los síntomas* – Cuanto más sepas sobre tu depresión, más probable es que puedas cumplir con tu tratamiento (psicológico y farmacológico), y también te sentirás con mayor control sobre tu enfermedad. Podrás también reconocer señales si tu depresión reaparece en el futuro.

- *explicar y cambiar lo que dispara y promueve tu depresión* – Una vez que puedas identificar los factores de riesgo ambientales y psicológicos para la depresión, serás mucho más capaz de alterar tu situación para mejor. De la misma manera, una vez que comprendas los pensamientos/comportamientos que mantienen tu depresión en juego, podrás hacer cambios positivos para mejorar tu estado de ánimo.

- *enseñar estrategias de afrontamiento* – Las estrategias orientadas a resultados pueden ayudarte a afrontar el estrés de un modo más eficaz, para que no tengas que recurrir a respuestas emocionales extremas o de evasión. La retroalimentación positiva que recibirás de otros debería ayudarte a aumentar tu autoestima y a disipar tu depresión.

Por sí misma, la psicoterapia puede ser útil para tratar la depresión en muchos casos, pero cuando la enfermedad se vuelve más grave, puede ser necesario agregar medicamentos al plan de tratamiento.

Psicología Positiva o "La Psicología de la Felicidad"

Una forma en que se puede definir la depresión es por lo que no es: no es felicidad. Tiene sentido, entonces, que encontrar más formas de traer más felicidad a tu vida pueda ser útil para enfrentar la depresión. Y aun así, ¿qué es la felicidad? Ciertos investigadores psicológicos la definieron como "un predominio de emoción positiva", y si eso es cierto, entonces aumentar tu tasa de emociones positivas versus las negativas debería ayudarte a estar más feliz y menos deprimido. Esa es la teoría detrás de la psicología positiva, desarrollada en los años 90 por el psicólogo Martin Seligman para ayudar a la gente a vivir vidas mejores y más enriquecedoras aumentando la cantidad de emociones positivas que experimentaban. Mientras otras áreas de la psicología pueden enfocarse más en la disfunción y el comportamiento anormal, la psicología positiva se enfoca en las fortalezas de las personas y en enseñarles maneras de ser más felices.

¡Es una elección!

Algunos piensan que te sientes feliz porque las cosas te salen bien, pero los investigadores muestran que la felicidad suele ser bidireccional, es decir que las cosas te van mejor simplemente porque te sientes feliz, mejor que si te sintieras triste o negativo. Entonces, ¿qué ocurriría si decidieras caminar, hablar y actuar como si fueras feliz, aun cuando las cosas no estuvieran saliendo tan bien? ¿Eso ayudaría a alejar la depresión y te haría más feliz –o al menos más feliz de lo que hubieras sido–? ¡Definitivamente, te pondría en el camino correcto!

Debes estar pensando, "Pero mi vida fue dura, y lo sigue siendo. ¿Cómo puedo ser feliz cuando todo apesta?" Naturalmente, cuando estás atravesando momentos sombríos, no vas a estar vitoreando. Y, por supuesto, algunos desafíos no pueden resolverse simplemente enfocándose en lo positivo (por ej.: la falta de techo, una enfermedad terminal, la muerte de un ser querido). Aun así, mantener una actitud positiva puede ser útil aún en estas situaciones. Y aunque tengas una predisposición genética a la depresión y estés enfrentando desafíos enormes, tu potencial para la felicidad puede aumentar si elijes ciertas actividades y enmarcas tus pensamientos de cierta forma.

Martin Seligman identificó cinco factores clave sobre la felicidad. Dice que te sientes más feliz cuando:

- experimentas algo placentero y agradable
- te dedicas a algo placentero pero desafiante
- te fijas objetivos factibles y los alcanzas
- encuentras significado en tu existencia
- te conectas con los demás

Si haces que estos cinco puntos sean tus objetivos y haces algo para lograr uno o más todos los días, estarás bien encaminado hacia una vida más feliz. En resumen: la felicidad, en gran medida, es una   elección.

> *Tenemos que cambiar solo una cosa para vivir una vida feliz: dónde centramos nuestra atención.*
>
> Greg Anderson

Diez formas de aumentar tu coeficiente de felicidad

Aun si tus circunstancias actuales son sombrías y estás lidiando con los pesados desafíos de las CNEP y la depresión, seguir alguno de estos simples pasos pueden darte un empujón adicional en la dirección correcta. Existen muchas formas fáciles de aumentar la felicidad y el placer en tu vida. Considera llevar a la práctica lo siguiente:

1. *Reserva un tiempo en tu agenda para hacer algo placentero* – Cuando te ocupas de ti, te estás enviando un mensaje: "Yo valgo la pena y me amo." Así que ve por un masaje, que te arreglen las uñas, lee un libro interesante, toma un baño caliente, arma un rompecabezas, o realiza otras actividades de esparcimiento que te hagan sentir bien. Arma "citas de esparcimiento" y anótalas en tu agenda. Dales la misma importancia que cepillarte los dientes o no faltar a las citas con tu médico.

2. *Alcanza un objetivo* – Cuando te pones un objetivo y lo alcanzas, tu autoestima se eleva automáticamente. El desafío no tiene por qué ser enorme: solo lo suficiente para que te esfuerces un poco para obtener resultados. Tu desafío puede ser limpiar un cajón desordenado del escritorio, ir a tu primera clase de yoga, aprender un programa nuevo en la computadora, reorganizar tu agenda para poder incluir más actividades placenteras o algo similar. Fíjate una tarea desafiante pero factible (esto es importante, ya que deseas experimentar el éxito), y luego realízala. Una vez que lo hayas logrado, ¡disfruta del sentimiento de conquista!

3. *Encuentra significado en tu vida* – La vida de todos nosotros tiene significado. Puedes encontrar el tuyo siguiendo el lema de Robert Baden-Powell: "Intenta dejar este mundo mejor de lo que lo encontraste". Cada acto de bondad que realices, cada cosa que logres, cada bocanada de aire que tomes puede darle significado a tu vida.

Estás en la Tierra por un tiempo breve: sal al mundo y comienza a vivir. Una vez que lo hagas, el significado te seguirá. Existen tantos libros que todavía no leíste, lugares que no has visitado, gente que no has conocido, y actividades esperando a que las descubras. Estás en la Tierra por un tiempo breve: sal al mundo y comienza a vivir. Una vez que lo hagas, el significado te seguirá.

4. *Conéctate con los demás* – Casi todos nosotros prosperamos cuando estamos rodeados de otros, y podemos enfermarnos fácilmente (tanto mental como físicamente) o hasta morir sin ellos. Que construir relaciones sólidas sea tu prioridad, invierte tiempo y energía en tu familia y amigos, encuentra un grupo de apoyo y/o un terapeuta, y utiliza toda red social existente cerca de ti. Conviértete en parte activa de la raza humana. Es un gran antídoto para la depresión.

5. *Realiza actos de bondad* – Dado que eres un ser social, ayudar a otros puede darle un empujón a tu moral. Saluda al vendedor de la tienda con una sonrisa, ayuda a alguien que parece perdido, ayuda a un compañero de trabajo con algún proyecto, ofrécete como voluntario para trabajar en tu comunidad, trabaja para una organización sin fines de lucro. Sonríe, aunque sea sin razón, puede mejorar la forma en que te sientes y también promover sentimientos positivos en los que te rodean, quienes pueden retroalimentarte con esapositividad. ¡Lo que va, vuelve!

6. *Perdónate –y a los demás– las cosas pequeñas* – Comienza por preguntarte, "¿Cuán importante será esto dentro de un año?" Algunas personas permanecen enojadas y resentidas por horas y hasta días después de sufrir un desaire. Al final, no ganan nada y solo consiguen ponerse en un lugar doloroso innecesariamente. Mira este enfoque diferente: intenta pensar sobre la situación de una forma nueva "comprendiendo" a la otra persona, perdonándola, y hasta quizás sintiéndote un poco mal por ella por generar tanta infelicidad. Y aún más importante, debes ser capaz de perdonarte *a ti mismo* por no haber hecho o dicho lo "correcto". La vida es demasiado corta como para permitir que estos momentos insignificantes consuman tu tiempo y felicidad. Recuerda, el perdón es más para ti que para los demás. Es un regalo que te haces a ti mismo para deshacerte deesos dolorosos sentimientos de resentimiento.

7. *Disfruta de la vida y de sus alegrías* – Desacelera y presta atención a tu alrededor. La alegría viene de todos los tamaños, estados y formas: el sabor del chocolate derritiéndose en tu boca, la fragancia de las rosas en flor, ver a un leopardo de las nieves en el zoológico devolviéndote la mirada, sentir el calor del sol en tu rostro. Detente, aunque sea un momento, y disfruta realmente de lo que la vida te ofrece.

8. *Reconoce que hay ciertas cosas que no puedes controlar* – No puedes hacer siempre las cosas como deseas, y cuanto mejor puedas reconocer qué puedes controlar y qué no, más en paz te sentirás. Intenta no estresarte y sufrir por cosas que no puedes cambiar.¿Por qué enfurecerte porque no sonó la alarma del reloj, porque se canceló un vuelo, o porque alguien frenó de golpe frente a ti al conducir? Son cosas que no puedes cambiar, y toda la energía que pongas en eso estará desperdiciada. Respira hondo, déjalo pasar, busca una solución a estos problemas que se presentaron y/o haz otros planes.

9. *Encuentra tu sentido del humor y ejercítalo* – La risa es sanadora, contagiosa, y confortante; estimula tu mente a través de la jocosidad. Automáticamente inhalarás profundo cuando rías, de modo que te llenes de suficiente aire como para largar una carcajada. La risa también envía un mensaje poderoso a tu mente de que "todo está bien y yo estoy feliz". Ríe todo lo que puedas; te hará sentir mejor. Entre las cosas que pueden hacer que te rías más está leer libros, artículos o ensayos cómicos y ver comedias, shows de comediantes o hasta caricaturas. Pasa tiempo con amigos o familiares divertidos si tienes la fortuna de tenerlos.

10. *Evita la gente tóxica e infeliz* – La gente negativa no es útil para los que están deprimidos –la depresión ya es bastante "deprimente" por sí misma–. Puede que no sea fácil, especialmente si esa persona es un miembro de la familia o alguien importante en tu vida. Pero, por tu propio bien, quizás necesites distanciarte lo más posible. Una vez que tu depresión haya mermado y hayas aprendido a ser más seguro y a enfrentar de otra forma tus problemas, podrás relacionarte de nuevo con esa persona y hasta ejercer una influencia positiva enél/ella.

Estos diez puntos son un buen complemento para cualquier terapia. Siéntete libre de conversarlos con tu terapeuta. Luego analízalos y pon en práctica al menos uno de ellos por día. Hasta puedes agendar en tu calendario uno distinto cada día para asegurarte de que ese día te enfocarás en ello. Con el tiempo, se volverá algo automático; son grandes formas de aumentar tu coeficiente de felicidad y de ahuyentar la depresión.

Autoestima: un importante indicador de felicidad

La autoestima es la suma de tus creencias y juicios sobre tu propio valor combinado con los sentimientos hacia ti mismo. La baja autoestima va en contra de la felicidad; aumenta las tendencias a ser pesimista y depresivo, y es un problema para muchos de los que sufren CNEP.

¿Tienes una autoestima baja?

¡Quizás tienes una autoestima baja y no lo sabes! Las personas con baja autoestima tienden a compartir las siguientes características:

- ser muy autocríticos
- ser muy sensibles a las críticas de los demás
- frecuentemente "leer" críticas en las respuestas o acciones de los otros, aun cuando la intención no sea de criticar
- valorar la aprobación de los otros más que la propia
- medir su aprobación según lo que han logrado y según lo que *creen* que los demás piensan de ellos

Las experiencias negativas como los fracasos y la humillación pueden disminuir la autoestima, mientras que las experiencias positivas –como el éxito– pueden elevarla. Mientras transitas la vida, si las experiencias negativas superan las positivas, es más probable que tengas una autoestima más baja, y viceversa. Pero, el hecho de que hayas atravesado muchas experiencias negativas no significa que necesariamente vas a sufrir de baja autoestima. Recuerda: puedes mejorar tu autoestima haciendo cambios en tu manera de pensar y de actuar.

Evaluar tu autoestima

Antes de que decidas que necesitas trabajar en tu autoestima, es útil evaluar en qué parte del espectro se encuentra. Este es un ejercicio que a veces utilizo con pacientes para ayudarlos a descifrarlo. En una hoja de papel, haz dos columnas, cada una numerada del 1 al 10. En una de las columnas irán las "Características personales positivas," y en la otra, las "Características personales negativas". Luego, completa los 10 renglones de cada columna con lo que crees son tus mejores y peores características. Por ejemplo, debajo figuran las listas hechas por una paciente mía –Katy– a la que le diagnosticaron CNEP hace unos años, antes de que yo la conociera, y que tenía una autoestima muybaja.

Negativo	Positivo
Gorda	Persona amable
Fea	Pestañas largas
Cabello feo	
Orejas grandes	
Aburrida	
Poco inteligente	
Inútil para mis habilidades	
Vocabulario pobre/dificultad para expresarme	
Mala memoria	
Sin gusto para vestirme	

Volviendo a tu lista: Cuando hayas completado ambas columnas, hazte las siguientes preguntas:

1. ¿Qué columna tardé más en escribir –la Positiva o la Negativa–?
2. ¿Qué columna parece reflejar la realidad con mayor exactitud?

En general, los que tienen baja autoestima hacen rápidamente su lista de características negativas, mientras sienten que hacer la de las positivas es como si les sacaran una muela. A veces no llegan a contabilizar diez características positivas (como puedes ver en las listas de Katy, ¡enumeró diez negativas, pero solo dos positivas!). Los que tienen baja autoestima también pueden sentir que algunas de las características positivas de la lista no son reales. En el caso de Katy, admitió que sentía que sus características positivas eran una exageración, y que solo las escribió para no dejar la columna en blanco.

Hacer una lista de este tipo puede ser revelador en muchos niveles. Dale un vistazo a las descripciones negativas que has hecho de ti mismo. Estos pensamientos/creencias probablemente siempre te hayan acompañado, aun cuando no tenías consciencia de ello, y pueden ejercer un poderoso efecto depresivo en ti. Tómate un momento para preguntarte cómo te sientes al leer esas afirmaciones sobre ti – seguramente, no te hacen sentir bien–. Ahora, relee las positivas y considera cómo te sientes al leerlas. ¿Puedes agregar más a esta columna? Una pista: ¿Cuál de tus características valorabas cuando eras un niño? ¿Qué logros concretos tienes en tu haber (por ej.: grados, trabajos anteriores, etc.)? Agrégalos a tu lista. Darte una palmada en la espalda y reconocer tus fortalezas no es lo mismo que ser engreído o sentirse superior, es simplemente una forma más positiva y equilibrada de verte a ti mismo, lo que te ayudará a mejorar tu autoestima.

Ahora, volvamos a tu lista negativa. ¿Qué verdaderas son estas afirmaciones? ¿Ninguna es exagerada? Una vez que Katy revisó su lista, comenzó a ver qué desequilibradas y abultadas estaban sus características negativas.

Por ejemplo, ella escribió que era poco inteligente, que tenía un vocabulario pobre, y que tenía mala memoria. Así y todo, había obtenido un título universitario ¡y con excelentes notas! También se describió como "gorda" y "fea", cuando, en realidad, era una chica muy bonita. Algunas de las características negativas se oían como las burlas que Katy había sufrido en la escuela primaria, y otras como las que le hacía su padre criticón. Katy se asombró al descubrir que había absorbido y conservado muchas de esas afirmaciones, aunque no fueranciertas.

Actividades de autoconfirmación

Una vez que te hayas enfocado en tus exageradas afirmaciones negativas, esta es una buena forma de contrarrestarlas, o al menos neutralizarlas: intenta realizar algunas actividades de autoconfirmación. Algunas pueden parecer algo superficiales, pero realmente pueden tener efectos poderosos. Estos son algunos ejemplos:

- *Haz una lista de diez de tus fortalezas y talentos* – Ninguna fortaleza o talento es demasiado pequeño como para incluirlo en la lista; todos son útiles y valen la pena en el marco correcto. Una vez vi un documental sobre gente que tenía un sentido del olfato especialmente maravilloso que les permitía discriminar todos los tipos de aromas y olores. Los contrataban para trabajar en las industrias del perfume o de alimentos. Rétate a encontrar tus propias características positivas. Haz la lista, léela y guárdala como referencia futura. Cuando necesites elevar tu moral, léela de nuevo.

- *Lleva un calendario y escribe cada día algo que te haga sentir feliz* – Puedes anotar eventos felices pasados o actuales, éxitos actuales o del pasado, el nombre de una persona que fue buena en tu vida, objetivos futuros positivos, etc. Yo sigo disfrutando utilizar calendarios que vienen con citas inspiradoras o de autoconfirmación; son formas fáciles de llevar positividad a la vida cotidiana de una persona.

- *Trabaja con tu cuerpo, no contra él* - Enfrentémoslo: tu cuerpo es una parte muy importante de quién eres. Si lo odias, estás odiando una parte grande de ti. Y cuanto más lo odies, más lo descuidarás y abusarás de él, lo que solo puede empeorar las cosas. Una salud física pobre, cambios en el peso, y fatiga van de la mano con la depresión. Si tienes sobrepeso, comienza por cambiar tu dieta y haz ejercicio. O si has estado comiendo mal y has perdido mucho peso, enfócate en prepararte comidas nutritivas. Una vez que comiences a alimentar tu cuerpo con alimentos saludables y lo pongas en movimiento de forma regular, te sentirás menos flojo, te moverás más rápido, alcanzarás un peso saludable y, lo más probable, tu estado de ánimo también mejorará. Y lograr un objetivo que tú mismo te has fijado ¡por supuesto que mejora tu autoestima!

- *Haz ejercicio* – El ejercicio regular es un antidepresivo natural, puede ayudar a aliviar el estrés, estimula la producción de endorfinas (el químico natural del cuerpo que nos hace "sentir bien"), mejora el sueño, relaja los músculos, y disminuye la ansiedad. También se demostró que eleva la autoestima y mejora tu perspectiva de la vida. En un estudio realizado por investigadores australianos, los que hacían ejercicio a largo plazo se sentían más positivos sobre sus experiencias cotidianas y tenían más pensamientos positivos que los que hacían ejercicio a corto plazo, o no hacían nada[16]. También sufrían de menos estrés que los que no hacían ejercicio.

- *Invierte un poco de tiempo y esfuerzo en tu apariencia* – Piensa cuán diferente te sientes cuando atraviesas el salón de belleza con tu nuevo peinado o corte. Te ves bien y te sientes bien: te da un empuje. Lo mismo ocurre cuando te pones una prenda nueva o que destaca tu figura. Tómate algo de tiempo e invierte lo que puedas en mantener cuidado tu cabello, piel, uñas, dientes y en vestimenta. Al hacerlo, te estarás diciendo a ti mismo, "Yo valgo", y tu apariencia refinada generará una retroalimentación positiva, lo que te ayudará más a construir tu autoestima.

- *Mejora el ambiente en el que vives y trabajas* – Pasas la mayor parte del día en estos lugares, así que haz que tu hogar y tu lugar de trabajo reflejen la buena opinión que tienes de ti mismo. No necesitas salir y despilfarrar en un costoso cambio de imagen y quizás no puedas remodelar todo tu espacio de trabajo, así que comienza por acomodar

---

16 Dua J, Hargreaves L Effect of aerobic exercise on negativeaffect, positive affect, stress anddepression *Percept Mot skills* 1992;75(2):355-61

el desorden, organizarte, y agregar algunos objetos especiales de decoración (como una planta o un cuadro) y/u objetos sentimentales que reúnan tu estilo y te hagan sentir bien. Las personas que tienen una buena opinión de sí mismas saben que merecen un ambiente placentero y cómodo. Hazte ese regalo.

- *Busca un pasatiempo* – Si eres como la mayoría de la gente, tiene que haber un pasatiempo o algo que siempre te haya interesado y que nunca te ocupaste de realizar. Quizás sea aprender a pintar, a cocinar platos 'gourmet', escribir un cuento, la fotografía, el baile de salón, o las artes marciales, ¡así que búscalo! Existen muchísimas clases disponibles, solo debes encontrarlas. Recuerda que tu objetivo debe ser realizable, para que experimentes algo de éxito y mejores tu autoestima. ¡Imagina qué fantástico te sentirás contigo mismo cuando obtengas tu cinturón amarillo en taekwondo!

En tu anotador, crea una sección llamada "Diario futuro", y elije una de las actividades nombradas. Luego cierra los ojos e imagínate realizando esa actividad. Una vez que te visualices preparando un lomo strogonoff y sirviéndoselo a tu impresionada familia o colgando esa hermosa pintura que tú mismo pintaste, escribe sobre este evento en tu diario como si ya hubiera ocurrido. Haz una descripción realista pero esperanzadora de esta actividad que "ya has hecho". Luego inscríbete en esa clase de cocina o de arte o compra un libro de 'paso a paso', o busca en Internet cómo hacer eso que te interesa. ¡Y luegohazlo!

Por ejemplo, digamos que comenzaste una dieta o una rutina de ejercicios que mejorará tu vida y tu figura. La descripción en tu anotador podría ser así:

Ahora que estoy más delgado y esbelto, puedo hacer muchas cosas que antes no podía. La ropa me calza cómoda y ahora me gusta salir de compras. Me es más fácil subir los escalones de la entrada de casa cuando cargo peso. Me siento más joven y liviano, como hacía tiempo no me sentía, y si no hago ejercicio todos los días, ¡me hace falta! El próximo fin de semana iré a hacer senderismo a "Bear Mountain"; es algo que, un año atrás, ni lo hubiera imaginado. ¡De verdad se sientegenial!

Relee lo que escribiste, y déjalo madurar. Lo maravilloso de este ejercicio es cómo puede darte un empujoncito hacia el futuro que deseas. Visualizarte repetidamente logrando cierto objetivo te coloca en el camino correcto y alimenta tu motivación. El poder de la mente es totalmente impresionante. Una vez que visualizas tus objetivos, ¡ya has recorrido medio camino!

Resumiendo: la depresión y las CNEP, en gran medida, son mantenidas por tus pensamientos y acciones. Puedes ayudar a controlar tu depresión modificando conscientemente muchos de tus pensamientos y comportamientos depresivos. La depresión clínica, sin embargo, siempre requerirá de tratamiento profesional.

Ejercicio 4: Ejercicios de gratitud

Los investigadores han descubierto que cuando la gente piensa en las personas que aprecian y que les traen felicidad a su vida, experimentan sentimientos cálidos y positivos. Esto coloca la parte tranquilizadora del sistema nervioso autónomo en acción y ayuda a apartar al estado de ánimo de la depresión, prueba de que realmente puedes controlar cómo te sientes solo con pensar de cierta forma.

Los dos ejercicios a continuación son formas de entrar en contacto con todas las bendiciones de tu vida y los sentimientos de gratitud. Tenemos mucho por qué agradecer, pero a veces necesitamos que nos lo recuerden. Presta atención a los cambios de tu estado de ánimo luego de llevarlos a cabo.

Gracias por ser parte de mi vida

Este es un ejercicio poderoso que he utilizado al dar clases a pacientes. Hasta en un salón de conferencias rodeados de gente, los asistentes suelen sorprenderse ante el efecto que tiene en ellos.

Encuentra un lugar tranquilo donde puedas estar solo sin ser interrumpido. Siéntate cómodo, cierra los ojos si deseas, y piensa en tres personas del pasado o del presente que te hayan ayudado en tiempos difíciles de tu vida, que te hayan ayudado a levantarte, que te hayan ayudado a superar un desafío importante o a lograr un objetivo en tu vida. Quizás sean personas que estuvieron contigo una sola vez o que te han acompañado durante mucho tiempo. Esta persona quizás ya no esté en tu vida, y quizás hasta murió. Te sorprenderás de quién y qué surge en tu mente.

Enfócate en cada persona, una por vez, e intenta recordar exactamente qué te estaba ocurriendo cuando te ayudó. ¿Qué hizo esta persona? ¿Cómo te cambió esa experiencia? ¿Cómo su presencia te ayudó a llegar a donde estás hoy? Permítete sentir el sentimiento cálido de gratitud y paz que acompaña a estos recuerdos. Luego, cuando estés listo, escribe una carta a cada persona en tu diario (no será necesario que se las envíes) explicando cómo te sientes respecto a lo que él/ella hizo por ti. Cuando termines, lee todas las cartas y sumérgete en los sentimientos que surjan. Ahora tendrás estas cartas en forma permanente en tu diario, así que podrás leerlas cada vez que precises recordar a la gente buena que pasó por tu vida.

Disfrutar de la vida

En tu diario, escribe al menos una cosa positiva que vivencies y de la que estés agradecido. Puede ser cualquier cosa: buenas noticias sobre un amigo, una conversación agradable con un compañero de trabajo, caminar por un jardín hermoso, disfrutar de una rica comida, salir a correr, jugar con tu perro, etc.

Luego siéntate un momento y piensa cómo ese evento iluminó tu día y te hizo sentir feliz, tranquilo, y vivo. Probablemente te des cuenta de que hay muchos momentos como ese en tu día, todos los días, una vez que empieces a prestarles atención. Encuéntralos, concéntrate en ellos, disfrútalos y recuérdalos. La vida tiene cosas buenas que merecen ser disfrutadas.

Los ejercicios de este capítulo muestran que aunque las CNEP y la depresión suelen ir juntas, tienes maneras de dar un giro de 180 grados y obtener control sobre tus estados de ánimo y tus episodios de CNEP. De aquí en adelante, continúa utilizando tu registro de CNEP con regularidad y pon en práctica los ejercicios 1 a 4 mientras avanzas en la lectura de los siguientes capítulos del libro.

CAPÍTULO 7

SUPLEMENTOS Y TRATAMIENTOS ALTERNATIVOS

Como muchas personas recurren a la Medicina Complementaria y Alternativa (MCA) sin asesoramiento médico, he incluido una rápida descripción general de las terapias MCA que algunos de los pacientes con CNEP mencionaron que utilizaban –o estaban pensando utilizar– cuando se les preguntó. El propósito de este capítulo no es brindar un panorama exhaustivo sobre cada tipo de MCA ni un análisis detallado de las terapias analizadas; tampoco recomendarte que pruebes alguna de ellas. Por el contrario, está diseñado para educarte sobre terapias que tal vez estés evaluando utilizar para tus CNEP, cómo funcionan y, especialmente, si acarrean riesgos.

"Medicina Complementaria y Alternativa" –cuya abreviatura es MCA– es una especie de término amplio para varios enfoques de atención sanitaria desarrollados fuera de la medicina occidental o "convencional". Por lo general, no se utiliza en hospitales, no se enseña en las facultades de Medicina ni está cubierta por las compañías de seguro, aunque esa definición de MCA es cada vez más obsoleta. La MCA, que también recibe el nombre de "medicina holística", "medicina integrativa", "medicina preventiva" y "medicina naturopática" –entre otros–, se puede categorizar de dos modos en función de cómo se utilice:

- *medicina alternativa*, que se utiliza en lugar de la medicina occidental convencional, y
- *medicina complementaria*, que se utiliza combinada con los enfoques convencionales.

Por consiguiente, la misma terapia puede denominarse "alternativa" o "complementaria" en función de los tipos de terapia que la acompañan (si existe alguna). Aproximadamente el 40 % de los estadounidenses utilizan algún tipo de MCA al año, pero pocos de ellos confían exclusivamente en ellas como alternativa: la mayoría se inclina por una combinación de los enfoques convencionales y complementarios. No obstante, tres cuartos de las personas que utilizan MCA no se lo informan a sus médicos, principalmente porque no quieren que las regañen o les hagan comentarios negativos.

Tipos de MCA

Si bien los remedios naturales están entre nosotros desde hace miles de años, no hace mucho que el gobierno de los Estados Unidos fundó el Centro Nacional de Medicina Complementaria y Alternativa (NCCAM), una agencia que estudia esos tipos de remedios de manera sistemática. El NCCAM, que forma parte de los Institutos Nacionales de la Salud (NIH), evalúa los tratamientos alternativos o complementarios, establece su eficacia y evalúa su seguridad. Actualmente se encuentra en proceso de confeccionar pautas bien definidas para ayudar a las personas a elegir terapias alternativas o complementarias adecuadas y seguras.

El NCCAM divide la medicina complementaria y alternativa en dos sectores principales: *productos naturales, y prácticas para el cuerpo y la mente*.[17] Los productos naturales incluyen hierbas, vitaminas, minerales, productos botánicos, enzimas y probióticos que, por lo general, se consumen como suplementos dietarios, y cremas y lociones, que son de uso tópico. Las disciplinas de sanación nutricional, herbología y homeopatía también pertenecen a esta categoría. Las prácticas para el cuerpo y la mente se centran en las interacciones entre el cerebro, el cuerpo y el comportamiento. Por lo general, están a cargo de un profesional o maestro capacitado, e incluyen la acupuntura/acupresión, la quiropráctica, los masajes, la terapia de movimiento, las técnicas de relajación, la musicoterapia, la meditación, el yoga y otras.

---

17 Complementary, Alternative or Integrative Health: What's in a Name?" National Center for Complementary and Alternative Medicine (NCCAM) website http://nccamnihgov/health/whatiscam (Viewed 8/20/13)

Los diez enfoques principales de MCA en los EE. UU.

Alrededor de cuatro de cada diez estadounidenses utilizan alguna clase de MCA, pero ¿cuáles son las más utilizadas? De acuerdo con el NCCAM, los enfoques favoritos en los EE. UU. son:

- productos naturales (17,7%)
- respiración profunda (12,7%)
- meditación (9,4%)
- quiropráctica u osteopatía (8,6%)
- masajes (8,3%)
- yoga (6,1%)
- terapias dietarias (3,6%)
- relajación progresiva (2,9%)
- imaginería guiada(2,2%)
- tratamientos homeopáticos (1,8%)

Importante: si estás utilizando o evaluando utilizar alguna clase de MCA, asegúrate de informárselo a tu médico. Algunas terapias, incluso las "naturales", pueden alterar o aumentar los efectos de varios medicamentos y agravar tu enfermedad.

Veamos algunas de las terapias de MCA que pueden utilizar o tener en cuenta las personas con CNEP, comenzando por la más popular: los suplementos dietarios.

Suplementos dietarios

La mayoría de los adultos estadounidenses toman suplementos dietarios (vitaminas, minerales, hierbas, productos botánicos, aminoácidos, enzimas y otros) al menos de vez en cuando, si no todos los días, en forma de píldoras, cápsulas, polvos, líquidos y barras energéticas. Los suplementos dietarios están diseñados para compensar la falta de nutrientes en la dieta de una persona o para aportar nutrientes en cantidades tan altas que nunca podrían consumirlos únicamente a través de los alimentos.

18 Ibid

Algunos suplementos pueden ayudar a mejorar o mantener la salud en general, o bien a reducir o prevenir ciertas afecciones (por ejemplo, calcio para la pérdida ósea, ácidos grasos omega 3 para las enfermedades cardíacas, y ácido fólico para la prevención de los defectos de nacimiento). Sin embargo, hay un aspecto negativo: los suplementos pueden producir efectos secundarios (especialmente cuando se toman en grandes dosis), interacciones peligrosas cuando se utilizan junto a ciertos medicamentos, e incluso desequilibrios cuando algunos nutrientes se consumen sin tener en cuenta aquellos que los neutralizan.

¡Advertencia!

Dado que los suplementos pueden producir interacciones entre los fármacos y los nutrientes y alterar o agravar ciertas afecciones, consulta a tu médico antes de tomarlos, especialmente si estás tomando algún tipo de medicamento, si sufres de alguna afección, o si eres mujer y estás embarazada o amamantando. Asimismo, arma una lista de todos los suplementos que estás tomando (incluidas las cantidades) y pídele a tu médico que la revise para asegurarte de que los suplementos no interfieran en tus terapias.

Los suplementos dietarios de interés para pacientes que sufren CNEP por lo general se ocupan de una de tres áreas problemáticas: la ansiedad, la depresión y los problemas del sueño. Los suplementos que se presentan a continuación son algunos de los que se utilizan con más frecuencia para esos problemas.

Manzanilla
Categoría: hierba

Se usa para: la ansiedad

Contexto: las flores de la planta de manzanilla se utilizan desde hace miles de años para aliviar los dolores de estómago y calmar la ansiedad. La manzanilla, que con frecuencia se consume en forma de té, tiene propiedades levemente relajantes y sedantes. En un ensayo de 2009 aleatorizado, doble ciego y controlado con placebo, se descubrió que el extracto de manzanilla tiene un efecto modesto de reducción de la ansiedad en pacientes con trastorno de ansiedad generalizado de leve a moderado. .[19]

Dosis típica: en los estudios, se utilizaron dosis diarias de 400 a 1600 mg en forma de cápsula. En forma de té, la dosis típica es de una a cuatro tazas por día.

Efectos secundarios: la manzanilla puede causar reacciones alérgicas, especialmente en personas alérgicas a la ambrosía, el crisantemo y otros miembros de las familias del aster y la maya. También puede producir contracciones uterinas que pueden provocar abortos espontáneos, así que las embarazadas no deben consumirla. Dada la falta de evidencia sobre su seguridad a largo plazo, las mujeres que están amamantando deben evitar la manzanilla.

Interacciones entre fármacos y nutrientes: la manzanilla contiene una pequeña cantidad de cumarina, un anticoagulante que puede aumentar el riesgo de hemorragias y hematomas para personas que toman medicamentos anticoagulantes como la aspirina o la warfarina (Coumadin), o suplementos que diluyen la sangre como la hierba de San Juan, la valeriana, el ginkgo biloba o la palma enana americana. La manzanilla debe evitarse durante al menos dos semanas antes de someterse a una cirugía para evitar el sangrado   innecesario.

Nota para pacientes con CNEP: como se ha demostrado que la manzanilla tiene algunos efectos positivos en el tratamiento de la ansiedad, puedes evaluar su uso como complemento después de analizarlo con tu médico.

---

19 Amsterdam JD, Li Y, Soeller I, et al. A randomized, double-blind, placebo-controlled trial of oral Matricariarecutita (chamomile) extract therapy for generalized anxiety disorder. *J ClinPsychopharmacol* 2009;29(4):378-82

Kava kava

Categoría: hierba

Se usa para: la ansiedad, el estrés, la tensión, la agitación y la inquietud

Contexto: El kava kava, que es originario del Pacífico Sur, fue utilizado durante mucho tiempo por ciertas tribus como tranquilizante y para fines ceremoniales. Sus componentes activos, las kavalactonas, tienen efectos sedantes y actúan como relajantes musculares.

Dosis típica: si bien no existe una dosis estándar, muchos estudios que demostraron los efectos positivos del kava para reducir la ansiedad utilizaron 400 mg por día. Se consume en forma de cápsula, tableta, infusión, tintura y extracto.

Efectos secundarios: **la FDA emitió una advertencia sobre la posibilidad de lesiones hepáticas graves con el uso del kava**. Otros efectos secundarios pueden ser visión borrosa, falta de aliento, náuseas y pérdida del apetito. No lo utilices si eres mujer y estás embarazada, ya que es un estimulante uterino.

Interacciones entre fármacos y nutrientes: tomar kava con anticoagulantes como la aspirina y la warfarina (Coumadin) puede aumentar el riesgo de hemorragias o hematomas. Tomar kava con anticonvulsivos como el diazepam (Valium) puede aumentar el riesgo de depresión y deterioro mental.

Nota para pacientes con CNEP: debido a los riesgos considerables para la salud, es conveniente que no tomes kava kava.

Melatonina

Categoría: hormona natural

Se usa para: el insomnio

Contexto: el cerebro produce naturalmente la hormona melatonina en grandes cantidades después de que se pone el sol para fomentar el sueño.

Por la mañana, la luz del día estimula el cerebro para convertir la melatonina en serotonina, que te ayuda a despertarte y "ponerte en marcha". A menudo se observan niveles más bajos de melatonina en personas con insomnio, lo que llevó a los fabricantes a producir suplementos de melatonina. La melatonina también se conoce como la "píldora del desfase horario" porque algunos viajeros la usan para restablecer su ciclo de sueño en una nueva zona horaria.

Si bien algunos estudios demuestran que la melatonina puede ayudar a alivianar el insomnio, otros no, lo cual no debe sorprendernos demasiado si tenemos en cuenta los diversos factores que pueden provocar trastornos del sueño.

Dosis típica: se toma en forma de cápsula, tableta, pastilla o té, por lo general aproximadamente 90 minutos antes de ir a dormir.

Efectos secundarios: Algunas personas que usan melatonina se quejan de que tienen sueños y pesadillas extremadamente vívidos, somnolencia durante el día e irritabilidad. También se recibieron informes de depresión, dolor de cabeza, aumento del riesgo de sufrir convulsiones y, en los hombres, agrandamiento de las mamas y disminución de la libido, aunque estos síntomas se asocian con dosis más grandes de melatonina.

Interacciones entre fármacos y nutrientes: la combinación de la melatonina con depresores del sistema nervioso central, como el alcohol, puede producir un efecto sedante adicional. La melatonina puede también estimular la función inmunitaria y, en consecuencia, interferir en el trabajo de los inmunosupresores, como la prednisona (Deltasone®).

Nota para pacientes con CNEP: como la mayoría de los estudios demuestran que el uso a corto plazo de melatonina parece seguro en pequeñas dosis, tal vez valga la pena que la pruebes si tienes insomnio. No obstante, no debes tomar melatonina con depresores del sistema nervioso central o inmunosupresores. Y si tienes una enfermedad cardíaca, colesterol alto o anomalías de la frecuencia cardíaca, debes consultar a tu médico antes de tomar melatonina

Ácidos grasos omega 3

Categoría: suplemento dietario

Se usa para: la depresión

Contexto: los ácidos grasos omega 3, que provienen de pescados de agua fría con alto contenido graso, como el salmón y el arenque, se utilizan desde hace mucho tiempo para protegerse contra las enfermedades cardíacas. Los científicos también descubrieron que las personas que viven en áreas en las que el consumo del aceite de pescado es elevado parecen tener menos trastornos depresivos. Esto los llevó a buscar una posible relación entre los omega 3 y la depresión.[20] Algunos estudios de grandes poblaciones sugieren que el consumo reducido de omega 3, específicamente del ácido eicosapentaenoico (AEP) y el ácido docosahexaenoico (ADH), puede predisponer a algunas personas a la depresión. Varios estudios preliminares establecieron que los suplementos de omega 3 con altas concentraciones de AEP pueden ayudar a reducir los síntomas de la depresión en personas que no habían respondido positivamente al tratamiento antidepresivo inicial. Y en 2010, en un estudio de 432 personas en un período de 8 semanas, se descubrió que los suplementos de omega 3 tienen, sin dudas, un efecto positivo en personas con depresión grave pero sin trastornos de ansiedad.[21]

Dosis típica: El AEP es el ingrediente "estrella" de los omega 3, así que esa es la cantidad que hay que buscar en la etiqueta y no la cantidad total de omega 3. En el estudio de 2010 mencionado anteriormente, se utilizaron dosis diarias de 1050 mg de AEP y 150 mg de ADH. La mayoría de los estudios utilizaron dosis diarias de por lo menos 1000 mg (1 gramo) de AEP.

20Hibbeln JR, Salem N Dietary polyunsaturated fatty acids and depression: when cholesterol does not satisfy *am J Clinnutr* 1995;62:1-9
21Lesperance F, Frasure-Smith N, St-Andre E, et al The efficacy of omega-3 supplementation for major depression: a randomized controlled trialJ Clin Psychiatry 2011;72(8):1054–1062

Efectos secundarios: los ácidos grasos omega 3 pueden prolongar el tiempo de sangrado, por lo cual no deben consumirlos las personas que toman anticoagulantes o que están a punto de someterse a una cirugía.

Interacciones entre fármacos y nutrientes: los omega 3 pueden aumentar el riesgo de hemorragias cuando se consumen junto a anticoagulantes como la aspirina y la heparina (Hep-Lock). También pueden hacer que disminuya demasiado la presión arterial cuando se toman junto a medicamentos para la hipertensión, como el atenolol (Tenormin).

Nota para pacientes con CNEP: aunque los omega 3 pueden ayudar a alivianar la depresión, si estás tomando medicamentos para la hipertensión, anticoagulantes o corres riesgo de sufrir hemorragias, analízalo con tu médico antes de agregar estos suplementos a tu régimen de tratamiento.

¡Que sea "natural" no significa que sea seguro!

Muchas personas se sienten seguras al utilizar suplementos etiquetados como "naturales" porque piensan que todo lo que produce la naturaleza debe ser bueno para ellas. La verdad es que no existe una definición aprobada por la FDA de la palabra "natural". La FDA permite que se incluya el término "natural" en la etiqueta si el suplemento no tiene colorantes, saborizantes u otras sustancias sintéticas agregadas, pero eso es todo. En otras palabras, "natural" básicamente no significa nada y, sin dudas, no debe interpretarse como sinónimo de "totalmente seguro". Los productos "naturales" pueden producir efectos secundarios, reacciones alérgicas e interacciones entre fármacos y nutrientes graves, incluso en las dosis recomendadas. Siempre consulta a tu médico antes de tomar algún suplemento, especialmente si estás tomando medicamentos o tienes alguna afección médica.

Pasionaria
Categoría: hierba
Se usa para: la ansiedad y el insomnio

Contexto: la pasionaria, una flor hermosa y aromática nativa de América Central y de América del Sur, recibe su nombre por la pasión de Cristo; algunos aseguran que sus doce pétalos representan a los doce apóstoles y que sus tres estambres representan las heridas de Cristo. La pasionaria se ha utilizado para tratar la ansiedad, la histeria, la abstinencia de opiáceos y los problemas digestivos. Aunque en un momento se aprobó la pasionaria como sedante y somnífero de venta libre en los Estados Unidos, se retiró del mercado en 1978 debido a la falta de pruebas de su seguridad y eficacia. Sin embargo, todavía puede obtenerse como hierba o como combinación de productos herbarios.

Dosis típica: aproximadamente 1 cucharadita de hierba seca, remojada en una taza de agua hirviendo por 10 minutos.

Efectos secundarios: reacciones alérgicas, náuseas y vómitos.

Interacciones entre fármacos y nutrientes: la pasionaria puede aumentar tanto los efectos de los inhibidores de la MAO como sus efectos secundarios. Algunos inhibidores de la MAO son la isocarboxazida (Marplan®), la fenelzina (Nardil®), la tranilcipromina (Parnate®), y la selegilina (Eldepryl®). La pasionaria también puede aumentar los efectos de los sedantes, incluidos los anticonvulsivos como la fenitoína (Dilantin®), los barbitúricos, las benzodiazepinas como el alprazolam (Xanax®) y el diazepam (Valium®), los antidepresivos tricíclicos como la amitriptilina (Elavil®) y los medicamentos contra el insomnio como el zolpidem (Ambien®). Y puede aumentar el riesgo de hemorragias y hematomas si se toma junto con anticoagulantes como la aspirina y la warfarina (Coumadin®).

Nota para pacientes con CNEP: no tomes pasionaria, especialmente si estás tomando algún tipo de medicamento antidepresivo, contra la ansiedad o para el insomnio.

SAMe (S-adenosilmetionina)
Categoría: suplemento dietario
Se usa para: la depresión y el dolor producido por la artritis.

Contexto: El cuerpo produce naturalmente la SAMe (que, por sus siglas en inglés, se pronuncia como "Sammy") a partir del aminoácido metionina. Junto con otras sustancias, la SAMe ayuda al cuerpo a producir neurotransmisores, incluida la serotonina. Algunos estudios demostraron que la SAMe puede combatir la depresión cuando se administra en dosis farmacológicas (de hasta 1 gramo)[22], posiblemente al aumentar los niveles de serotonina. En un metanálisis de 28 estudios de la SAMe, se descubrió que era eficaz para reducir la depresión como medicamento antidepresivo estándar.[23]

Dosis típica: las dosis varían de 400 a 1600 mg por día.

Efectos secundarios: insomnio, ansiedad, malestar estomacal, manía e hipomanía. La SAMe puede agravar los episodios maníacos en personas con trastorno bipolar. También puede reducir los niveles de azúcar en sangre, de modo que las personas con diabetes o con bajo nivel de azúcar en sangre deben consultar al médico antes de tomar SAMe.

Interacciones entre fármacos y nutrientes: tomar SAMe con antidepresivos como la clomipramina (Anafranil®) puede causar el efecto de los medicamentos para la diabetes y, en consecuencia, hacer que se reduzca demasiado el nivel de azúcar en sangre.

Nota para pacientes con CNEP: no tomes SAMe si estás tomando medicamentos antidepresivos o contra la ansiedad, o si tienes trastorno bipolar. Solo se debe tomar SAMe en lugar de un antidepresivo con la supervisión de un médico.

Hierba de San Juan
Categoría: hierba

---

22 Bressa GM S-adenosyl-L-methionine (SAMe) as antidepressant: meta-analysis of clinical studies *actaneurolscand*1994;89:7-14
23 S-Adenosyl-L-Methionine for Treatment of Depression, Osteoarthritis, and Liver Disease Summary, Evidence Report/Technology Assessment: Number 64 AHRQ Publication No 02-E033 August 2002 Agency for Healthcare Research and Quality, Rockville, MD (http://archiveahrqgov/clinic/epcsums/samesum.htm)

Se usa para: la depresión de leve a moderada

Contexto: esta flor silvestre pequeña y amarilla se receta ampliamente en Europa para la ansiedad, la depresión, el dolor de cabeza, el cansancio y otras dolencias. Cuando se toma en forma de cápsula o como extracto mezclado con agua, actúa como tranquilizante suave, relajante muscular y tratamiento para el insomnio. La hierba de San Juan contiene dos sustancias químicas, la hipericina y la hiperforina, que pueden alterarlos niveles de serotonina y otros neurotransmisores en el cerebro.

Dosis típica: las dosis pueden ser de hasta 300 mg, tres veces al día, con un total de 900 mg por día. Sin embargo, ten en cuenta que no todos los fabricantes utilizan las mismas cantidades de componentes activos en sus productos derivados de la hierba de San Juan.

Efectos secundarios: estreñimiento, fatiga, inquietud, mareo, sarpullido y aumento de sensibilidad al sol. La hierba de San Juan puede también provocar manía o hipomanía en personas con trastorno bipolar, e hipomanía en personas con depresión grave.

Interacciones entre fármacos y nutrientes: tomar hierba de San Juan junto con antidepresivos puede causar el síndrome de la serotonina (agitación, sofocación, aceleración de la frecuencia cardíaca y hasta la muerte).

Nota para pacientes con CNEP: no tomes hierba de San Juan si estás tomando antidepresivos o si tienes trastorno bipolar.

Triptófano (5-HTP)
Categoría: aminoácido

Se usa para: la depresión y la ansiedad

Contexto: el cuerpo utiliza el triptófano, un aminoácido esencial, para aumentar los niveles de serotonina, que son importantes para diferencia del triptófano, puede transmitirse fácilmente al cerebro, donde se convierte en serotonina.

En consecuencia, si tomas suplementos dietarios de 5-HTP, es mucho más probable que te suban los niveles de serotonina que solamente ingiriendo alimentos que contienen triptófano. Como la serotonina ayuda a regular el estado de ánimo y el comportamiento, el 5-HTP puede tener un efecto positivo en el sueño, el estado de ánimo, la ansiedad, el apetito y la sensación de dolor.

Dosis típica: la dosis típica varía de 150 a 300 mg   por día.

Efectos secundarios: náuseas, diarrea y dificultades para respirar.

Interacciones entre fármacos y nutrientes: tomar 5-HTP en grandes dosis o junto con antidepresivos puede provocar el síndrome de la serotonina (agitación, sofocación, aceleración de la frecuencia cardíaca y hasta la muerte).

Nota para pacientes con CNEP: no tomes 5-HTP si estás tomando algún tipo de antidepresivo.

Valeriana
Categoría: hierba

Se usa para: la ansiedad y el insomnio

Contexto: esta hierba, que tiene el mismo olor que los calcetines deportivos usados, en ocasiones se denomina "Valium herbáceo" por su capacidad de reducir la tensión, calmar la ansiedad, relajar los espasmos musculares y promover un sueño agradable y sanador. En la actualidad, es el sedante más utilizado en Europa y una de las hierbas más populares del mundo

Dosis típica: se utiliza en forma de té o de cápsula, las dosis pueden variar de 400 a 900 mg, y se toma antes de ir a dormir.

Efectos secundarios: dolor de cabeza, náuseas, palpitaciones e insomnio.

Interacciones entre fármacos y nutrientes: tomar valeriana con antidepresivos puede provocar el síndrome de la serotonina (agitación, sofocación, aceleración de la frecuencia cardíaca y hasta la muerte). La valeriana, combinada con alcohol, antidepresivos, sedantes o analgésicos, puede aumentar el riesgo de un efecto sedante excesivo y provocar depresión o deterioro mental.

Nota para pacientes con CNEP: no tomes valeriana si estás tomando antidepresivos, medicamentos contra la ansiedad, somníferos o analgésicos.

Yoga

Categoría: práctica para el cuerpo y la mente

Se usa para: la ansiedad y el insomnio

Contexto: el yoga, cuyo significado literal es "unión" y que se refiere a la unión de la mente, el cuerpo y el espíritu, es un sistema de prácticas para la mente y el cuerpo. Combina la meditación, ejercicios de respiración, posturas físicas que promueven la fuerza y la flexibilidad, y la concentración sostenida para calmar tanto el cuerpo como la mente. El yoga, que se originó hace alrededor de 5000 años, se basa en la creencia de que nuestro estado mental natural se caracteriza por la verdad, el conocimiento, la satisfacción y la paz. No obstante, ese estado se altera a medida que el cuerpo y la mente comienzan a llenarse de toxinas y estrés, originados por relaciones dañinas, una dieta deficiente y un estilo de vida insalubre. El objetivo de las prácticas de yoga es liberar la mente y el cuerpo de las toxinas y las enfermedades mentales, y lograr un estado de paz mental a pesar del ritmo frenético y el estrés constante de nuestro mundo moderno.

Existen muchos tipos de yoga:

- **Hatha** (movimientos suaves y básicos): se centra en el cuerpo físico y utiliza movimientos lentos y suaves, posturas (asanas), ejercicios respiratorios (pranayama), y relajación profunda (shavasana).

- **Bikram** (yoga "caliente"): se practica a 40 °C (105 °F) y 40 % de humedad; incluye muchos trabajos de alineación.
- **Raja** ("la ciencia de la mente"): cultiva la mente a través de la meditación y la contemplación.
- **Karma** ("el camino de la acción"): se basa en la acción desinteresada para crecer y recibir.
- **Jnana** ("el camino de la sabiduría"): supone el autoanálisis, la conciencia, el cuestionamiento y la introspección.
- **Kundalini** ("el yoga de la conciencia"): se centra en el chakra raíz, que se encuentra en la parte inferior de la columna, e incluye mucho trabajo de base.
- **Vinyasa** ("flujo"): para referirse a Vinyasa, se utiliza la palabra "flujo" porque las posturas fluyen de una a otra y te mantienen en movimiento.
- **Restaurativo** ("yoga relajante"): se concentra en la relajación y en el mantenimiento de posturas sostenidas durante diez minutos o más, lo cual permite que los músculos se relajen al estirarse.

Beneficios para pacientes con CNEP: se ha sugerido que el yoga puede ser beneficioso en ciertas formas de enfermedad mental, ya que los ejercicios físicos y mentales combinados llevan a la persona a un estado de paz en conexión con el ser. La conciencia y el control de la respiración durante los ejercicios pueden ser especialmente útiles para quienes tienen tendencia a hiperventilarse debido a la ansiedad.

Riesgos y efectos secundarios: algunos riesgos o contraindicaciones potenciales son el dolor físico o malestar al sostener ciertas posiciones, mareos y problemas en los discos intervertebrales. Con el yoga Bikram, puede también existir el riesgo de deshidratación e hipertermia. Las mujeres que están embarazadas deben informárselo al instructor para que adapte las posturas en función de ello.

Nota para pacientes con CNEP: el yoga es un complemento excelente del tratamiento psicológico tradicional de las CNEP.

Acupuntura/acupresión
Categoría: práctica para el cuerpo y la mente.

Se usa para: la ansiedad, el insomnio y la depresión.

Contexto: la acupuntura, un componente clave de la medicina china tradicional, supone la inserción de agujas finas en puntos específicos del cuerpo para equilibrar su flujo de energía. La teoría en la que se basa la acupuntura es que, dentro del cuerpo, la energía (el "qi", que se pronuncia "chi") fluye constantemente a través de doce canales invisibles (los "meridianos"). Cuando el qi se bloquea, pueden aparecer síntomas físicos como el dolor. En ciertas zonas del cuerpo, los meridianos fluyen muy cerca de la superficie de la piel y, al manipular esos "puntos de acupuntura" con agujas, los bloqueos pueden liberarse y la energía continuará fluyendo. La acupresión sigue las mismas prácticas básicas, pero, en lugar de agujas, utiliza presión, estimulación manual o calor en los puntos de acupresión

Beneficios para pacientes con CNEP: a algunas personas la acupuntura y la acupresión les resultan eficaces para calmar la ansiedad, la depresión de leve a moderada o el insomnio. Como no utilizan ningún medicamento, no deberían interferir en tus demás terapias.

Riesgos y efectos secundarios: molestias, dolor y hematomas en la zona del tratamiento. Es posible que se produzca infección si la acupuntura se realiza en condiciones antihigiénicas.

Nota para pacientes con CNEP: asegúrate de que el acupunturista tenga licencia y de que las condiciones del consultorio sean higiénicas. No sustituyas los medicamentos antidepresivos o contra la ansiedad por acupuntura o acupresión sin consultar a tumédico.

Terapia de masajes
Categoría: práctica para el cuerpo y la mente.

Se usa para: la ansiedad, el insomnio, la depresión y la tensión muscular.

Contexto: la terapia de masajes es la manipulación de los tejidos corporales mediante masajes, aplicando presión, generando fricción, dando golpecitos o empleando vibración. En ocasiones, los terapeutas de masajes también utilizan calor o frío durante la sesión, aplicando piedras calentadas, toallas calientes o bolsas de hielo. Existen muchos tipos de masajes, como, por ejemplo, el sueco (masajeo y golpecitos suaves en los músculos), el tailandés (intensa presión estática y rítmica), el ayurvédico (masajeo, presión y golpecitos utilizando aceites esenciales), el shiatsu (otro nombre que recibe la acupresión), y el de tejido profundo (presión intensa para aliviar la tensión crónica en lo más profundo de los músculos).

Beneficios para pacientes con CNEP: el masaje puede ser un tratamiento útil para el dolor muscular y la tensión por estrés, ansiedad, depresión o falta de sueño. Es famoso por sus efectos relajantes, y muy eficaz para calmar la ansiedad y ayudar a mejorar el sueño. Y, como el masaje aumenta los niveles de endorfina, también puede ser de algún modo útil para reducir la depresión.

Riesgos y efectos secundarios: es posible que sufras algo de dolor durante el masaje. De ser así, díselo al masajista para que modifique la intensidad. Si está en riesgo tu salud (por ejemplo, si tienes artritis, cáncer u otra afección), o si eres mujer y estás embarazada, tal vez necesites un tipo de masaje modificado o evitar totalmente los masajes.

Nota para pacientes con CNEP: si fuiste víctima de algún ataque sexual o físico, es posible que no te resulte relajante que un extraño te toque. Pero ten en cuenta que existen muchas opciones de modos en que se realizan los masajes. Si no te resulta cómodo que te masajee un hombre, por ejemplo, puedes buscar una masajista mujer (o viceversa). Puedes dejarte algunas prendas o toda la ropa puesta. También puedes sentarte para que te masajeen en lugar de ponerte boca abajo. No temas expresar tus deseos: el masaje es para ti, así que debe realizarse del modo que te resulte más cómodo.

Reiki
Categoría: práctica para el cuerpo y la mente.

Se usa para: la ansiedad, la depresión y el insomnio.

Contexto: el nombre "reiki" proviene de dos palabras japonesas: "rei" (que significa conciencia superior) y "ki" (que es igual a "qi" y significa energía o fuerza vital). Por consiguiente, el reiki es el arte de sanar con energía guiada por una conciencia superior. Durante una sesión de reiki, te acuestas en una camilla de masajes completamente vestido y el profesional colocará las manos directamente sobre áreas específicas de tu cuerpo, aplicando un poco o nada de presión. A continuación, encausará la energía sanadora hacia esa parte de tu cuerpo. En ocasiones, pueden agregarse diversas formas de masajes.

Beneficios para pacientes con CNEP: los defensores del reiki aseguran que trata el cuerpo, la mente y el espíritu, y que los beneficios incluyen la relajación y sensaciones de paz, bienestar y seguridad. Si eso es cierto, el reiki podría ser beneficioso para las personas que sufren de ansiedad, depresión o insomnio.

Riesgos y efectos secundarios: el reiki parece no presentar riesgos o tener efectos secundarios.

Nota para pacientes con CNEP: como parece que el reiki no tiene aspectos negativos, tal vez valga la pena que lo pruebes, especialmente si sufres de ansiedad o insomnio. No obstante, no sustituyas ningún medicamento antidepresivo o contra la ansiedad por el reiki sin consultar a tu médico.

Musicoterapia
Categoría: práctica para el cuerpo y la mente.

Se usa para: la ansiedad, la depresión y el insomnio.

Contexto: la música es una "entrada" a tus estados de ánimo y pensamientos, y puede ser un modo útil de modificar tus sentimientos. Escuchar música puede ayudar a calmar la ira, liberar tensión, energizar el cuerpo, aumentar la felicidad y transmitir una sensación de bienestar. En la musicoterapia, un terapeuta profesional con credenciales utiliza música e intervenciones musicales cuidadosamente seleccionadas para ayudar a la persona a comprender y expresar sus sentimientos de ansiedad e impotencia, liberar la ira y la pena y, al mismo tiempo, desarrollar la capacidad de afrontar los problemas y aumentar los sentimientos de seguridad y confianza en uno mismo. La música también crea una ambiente seguro y propicio para la relajación.

Beneficios para pacientes con CNEP: la musicoterapia puede ser útil para expresar y soltar emociones negativas y lograr un profundo estado de relajación. Todo esto debería ayudarte a reducir la depresión, la ansiedad y el insomnio.

Riesgos y efectos secundarios: la musicoterapia parece no presentar riesgos o tener efectos secundarios.

Nota para pacientes con CNEP: como los riesgos y efectos secundarios de la musicoterapia parecen ser inexistentes, tal vez sea una buena idea que la evalúes como complemento de tu tratamiento. No obstante, no sustituyas ningún medicamento antidepresivo o contra la ansiedad por la musicoterapia sin consultar a tu médico

Aromaterapia

Categoría: práctica para el cuerpo y la mente.

Se usa para: la ansiedad, la depresión y el insomnio.

Contexto: la aromaterapia supone el uso de esencias aromáticas ("aceites esenciales") que se extraen naturalmente de las plantas para equilibrar el cuerpo, la mente y el espíritu, así como para promover una sanación emocional, física y espiritual. El aroma de los aceites puede inhalarse, aplicarse a la piel y –en raras ocasiones– ingerirse, e incluye esencias de albahaca, bergamota, pimienta negra, alcanfor, cedro, manzanilla, hinojo, incienso, hisopo, jazmín, enebro, lavanda, toronjil, pachulí y rosa. Los aromaterapeutas afirman que la aromaterapia es útil para tratar una amplia gama de afecciones, como la ansiedad, la depresión y el insomnio. Aseguran que trabaja equilibrando la relación entre los sistemas nerviosos simpático y autónomo, y relajando el cerebro mediante la activación de recuerdos relacionados con un aroma específico.

Beneficios para pacientes con CNEP: la aromaterapia es placentera y parece aliviar el dolor, mejorar el estado de ánimo y reducir el estrés. No obstante, por lo general los efectos no duran mucho.

Riesgos y efectos secundarios: los efectos secundarios de la aromaterapia no son frecuentes, pero pueden incluir sarpullido, dolores de cabeza, asma, alteración del hígado y los nervios, y daño a los fetos. Las personas con antecedentes de crisis epilépticas deben evitar el aceite de hisopo. Evita la aromaterapia por completo si eres mujer y estás embarazada, si tienes asma aguda o antecedentes de alergias.

Nota para pacientes con CNEP: no utilices aceite de hisopo si tienes una combinación de crisis epilépticas y no epilépticas, ya que puede producir crisis epilépticas. Consulta a tu médico antes de utilizar aromaterapia y no la utilices para reemplazar cualquier antidepresivo o medicamento contra la ansiedad que estés tomando. Los aceites esenciales deben utilizarse con la orientación de un profesional de la aromaterapia capacitado.

Biorretroalimentación
Categoría: práctica para el cuerpo y la mente.

Se usa para: la ansiedad y el insomnio.

Contexto: la biorretroalimentación es un muy buen modo de aprender a relajarte y sostener esa respuesta de relajación. Es un método para que sepas lo que sucede dentro de tu cuerpo y cómo éste responde alentorno en cualquier momento determinado. Para ello, te conectan a máquinas que monitorean tus ondas cerebrales, presión arterial, frecuencia cardíaca, temperatura y tensión muscular, entre otras cosas. Recibirás información sobre esas reacciones psicológicas a través de señales, como un pitido o una luz parpadeante. Entonces, a medida que vayas cambiando tus pensamientos o practicando técnicas de relajación veras que la información cambia. Por ejemplo, si tienes tendencia a tensionar los músculos del cuello y eso produce un pitido, descubrirás que hacer ejercicios de respiración profunda ayuda a reducir la cantidad de pitidos. La biorretroalimentación se utiliza con mayor frecuencia para la ansiedad y el estrés, la hipertensión, las migrañas y el dolor de cabeza crónico. La mayoría de las sesiones de la biorretroalimentación duran de 30 a 60 minutos. La cantidad de sesiones que necesitarás dependerá de tu estado y de cuánto te lleve aprender a controlar tus respuestas. Algunas personas necesitan solo unas pocas sesiones, mientras que otras necesitan muchas más, lo cual hace que el proceso sea costoso y lleve mucho tiempo. Lamentablemente, muchas compañías de seguro no cubren la biorretroalimentación.

Beneficios para pacientes con CNEP: la biorretroalimentación puede reducir o eliminar tu necesidad de medicamentos contra la ansiedad o el insomnio, o bien servirte de alternativa si no puedes tomar medicamentos.

Riesgos y efectos secundarios: los dispositivos de biorretroalimentación pueden interferir en el funcionamiento de los marcapasos u otros dispositivos médicos. Asegúrate de informarle a tu médico sobre cualquier dispositivo de ese tipo que estés utilizando.

Nota para pacientes con CNEP: la biorretroalimentación es un modo bastante seguro de aprender a controlar tus propias respuestas corporales, lo cual es clave para aprender a lidiar con las CNEP y obtener una sensación de control. Si funciona correctamente, estas habilidades pueden resultarte útiles para toda la vida, así que, sin dudas, vale la pena investigarla. no obstante, no debes reemplazar ninguna medicación con la biorretroalimentación sin consultar a tu médico.

Técnicas quiroprácticas
Categoría: práctica para el cuerpo y la mente.

Se usa para: el insomnio y los dolores.

Contexto: la quiropráctica se creó en 1895 y se basa en la creencia de que el cuerpo tiene poderes curativos innatos que se concentran en el sistema nervioso central y fluyen por la columna vertebral. Se cree que las enfermedades se originan por la presión que ejercen las vértebras sobre los nervios que salen de la columna. Los órganos que dependen de esos nervios, por consiguiente, sufren daños o enfermedades. Para curar la afección, se debe liberar la presión de los nervios, y eso se logra manipulando la columna. Algunos quiroprácticos también incluyen varias otras artes sanadoras en sus prácticas, como la nutrición, la homeopatía, los ejercicios terapéuticos y la reducción del estrés.

Beneficios para pacientes con CNEP: las técnicas quiroprácticas no tratan los factores subyacentes que dan origen a la ansiedad o a la depresión, pero pueden ayudar a aliviar algunas de las consecuencias de esas afecciones, como la tensión muscular, los espasmos musculares y el dolor de cuello. Sus efectos relajantes y analgésicos pueden también ayudar a mejorar el sueño y, en consecuencia, aumentar la sensación de bienestar en general.

Riesgos y efectos secundarios: este tipo de ajuste suele ser seguro cuando está a cargo de un quiropráctico con licencia y experimentado. Sin embargo, existen algunos riesgos, entre los que se incluyen la hernia de discos, la compresión de los nervios en la parte inferior de (disección de la arteria vertebral) producido por la manipulación del cuello que puede ser letal

Nota para pacientes con CNEP: si sufres dolores de espalda o cuello, prueba con una terapia de masajes o yoga antes de pasar a la quiropráctica. Dicho esto, el trabajo quiropráctico puede ayudar a algunos pacientes a aumentar la sensación de bienestar y mejorar el sueño. Como el dolor es una causa común de ansiedad y depresión, su reducción puede ayudarte a sentirte mejor emocionalmente.

Espiritualidad y oración

Categoría: práctica para el cuerpo y la mente.

Se usa para: la ansiedad y la depresión.

Contexto: algunos estudios demuestran que el acto de rezar tiene un efecto tranquilizador y antiestrés. Las personas que pertenecen a grupos religiosos y asisten periódicamente a los oficios parecen sufrir menos de ansiedad y depresión que las que no lo hacen. Asimismo, algunos estudios con pacientes hospitalizados demostraron que la religión tiene efectos antidepresivos. Pero no es necesario que seas religioso para aprovechar esos beneficios: basta con que seas espiritual. La espiritualidad supone una conexión con un poder superior, independientemente de cómo lo concibas. Puedes meditar, escribir poesía, comunicarte con la naturaleza o pertenecer a un grupo de personas con mentalidades afines en busca del significado de la   vida.

Beneficios para pacientes con CNEP: con frecuencia, la espiritualidad y la oración se utilizan para tratar adicciones, la depresión, los traumas, la aflicción y la pérdida de un ser querido. Sea cual fuera la práctica que elijas, la espiritualidad y la oración pueden ayudarte en gran medida a aliviar la ansiedad o la depresión

Riesgos y efectos secundarios: completamente sin riesgos.

Nota para pacientes con CNEP: si sientes una inclinación de este tipo, la espiritualidad y la oración son una buena opción para aliviar el dolor espiritual y dar sentido a tu vida, aunque no deben reemplazar los tratamientos profesionales de salud.

¿La MCA es adecuada para ti?

En los últimos 30 años aproximadamente, los tratamientos complementarios y alternativos pasaron de ser "curas" peligrosas y "estrafalarias" promocionadas por vendedores de aceite de serpiente a convertirse en técnicas que, en ocasiones, hasta los médicos occidentales más tradicionales consideran completamente viables. La mayoría de los estadounidenses ya no creen que la medicina occidental tradicional, con su énfasis en los medicamentos y la cirugía, ofrezca todas las respuestas. Por el contrario, hay momentos en los que un enfoque que sea preventivo, que trabaje junto a los procesos naturales del cuerpo o que simplemente alivie el estrés y promueva la relajación puede ser muy útil para recuperar la salud.

Ilustración 7: Los tratamientos complementarios y alternativos no deben confundirse con prácticas de ocultismo, ya que muchos tienen potencial sanador, aunque aún no se haya comprobado.

Sin embargo, siempre será una cuestión de equilibrio: ¿qué clases de terapias son las mejores para tu cuerpo en las circunstancias presentes y cuánto énfasis debes poner en cada una? ¿Qué terapias pueden combinarse de manera segura? ¿Cuáles pueden eliminarse? ¿Cuáles deberían ignorarse por completo? No existen respuestas directas porque cada situación individual es única. Mi mejor consejo es que busques un médico en el que puedas confiar, le informes absolutamente todo lo que estás haciendo o tomando para solucionar el problema que tienes y sigas sus sugerencias al pie de la letra. En la actualidad, se están abriendo nuevos caminos en el cuidado y la alimentación del cuerpo y la mente. Básicamente, sé precavido, no hagas nada que te incomode y siempre procura averiguar si algo es seguro antes de probarlo

CAPÍTULO 8

UNA MENTE SANA NECESITA UN CUERPO SANO

Cuida tu cuerpo. Es el único lugar que tienes para vivir.
Jim Rohn

En este punto, ya sabes bien que las CNEP son manifestaciones de una enfermedad psicológica, tratada principalmente con psicoterapia y/o medicación. Pero no nos olvidemos del rol que juega el cuerpo en la salud mental. Cuando el cuerpo está mal alimentado, no realiza ejercicio o le falta sueño, es más fácil que se disparen –o empeoren– la ansiedad, la depresión y, sí, las crisis psicógenas. Eso se debe a que una dieta inadecuada, muy poco ejercicio y la falta de sueño son estresores que afectan negativamente tanto el cuerpo como la mente. La buena noticia es que haciendo lo contrario –llevando una dieta nutritiva, haciendo ejercicio con regularidad, y durmiendo lo suficiente– se puede hacer mucho para aliviar la ansiedad y la depresión, y ayudarte a controlar tus CNEP.

En resumen, un cuerpo sano puede ayudar a promover una salud mental sana, mientras que un cuerpo no saludable puede empeorar las CNEP. Así que comprométete a cuidar bien tu salud física; ¡Te sentirás mejor tanto física como mentalmente!

Ya sabiendo esto, demos un vistazo a los temas fundamentales sobre las dietas, los ejercicios y el sueño.

Dieta

Los expertos en el campo de la nutrición concuerdan con que si alimentas bien tu cuerpo y mente, es más probable que funcionen mejor y que se mantengan más saludables que si no lo haces. También se ha demostrado que consumir con regularidad ciertos alimentos realmente puede afectar tu estado de ánimo, lucidez, habilidad para concentrarte y niveles de energía –para mejor o para peor–. Recuerda esto mientraslees la lista a continuación de lo que se debe hacer y lo que no diseñada para mejorar y proteger tu salud física ymental.

Lo que sí hay que hacer

- *Ten una dieta balanceada en la que predominen verduras frescas, frutas, proteínas magras y aceite de oliva*

    Investigaciones recientes demostraron que la dieta mediterránea tiene el potencial de reducir el riesgo de sufrir depresión. Un estudio español de 2009 sobre más de 10.000 personas durante un periodo de cuatro años y medio mostró que los que siguieron la dieta mediterránea más estrictamente tuvieron más del 30% menos de probabilidades de desarrollar depresión que los que no la siguieron[24]. La dieta mediterránea, originada en Grecia, Italia, el sur de Francia, Oriente Medio y otras zonas del Mediterráneo, consiste en alimentos orgánicos (verduras, frutas, granos integrales, legumbres y frutos secos) consumidos lo más frescos posibles, más queso, yogurt y aceite de oliva (que reemplaza a otros aceites, manteca y margarina). Unas pocas veces por semana, se consumen porciones moderadas de pescado, aves y huevos. Los dulces y las carnes rojas están limitadas.

- *Haz 5 – 6 comidas pequeñas por día, y nunca omitas el desayuno*

    Mantener estables los niveles de azúcar en sangre ayudará a calmar tu cuerpo y a nivelar tu estado de ánimo. Para esto, siempre desayuna no más tarde de una hora después de levantarte, y divide tu ingesta de alimentos en 5 - 6 comidas pequeñas a lo largo del día.

24 Sanchez-Villegas A, Delgado-Rodriguez M, Alonso A, et al Association of the Mediterranean dietary pattern with the incidence of depression: The Seguimiento Universidad de Navarra/University of Navarra Follow-up (SUN) cohort *arch Gen Psychiatry* 2009;66(10):1090-98

Tu cuerpo recibirá el mensaje de que el suministro de alimentos es regular, no hay hambre contra qué luchar y, entonces, no hay razón relacionada con la comida para ponerse ansioso o deprimirse.

- *Ingiere mucho pescado graso de aguas frías o toma suplementos de ácidos grasos omega 3*
Los ácidos grasos omega 3 han sido relacionados con la estabilización de los estados de ánimo, especialmente la depresión. También pueden ayudar a regular el azúcar en sangre, mejorar la actividad hormonal y aumentar los niveles de endorfinas. Come pescado graso de aguas frías (por ej.: atún, caballa, arenque o salmón) de dos a cinco veces a la semana. O, si no te gusta el pescado, considera fuentes vegetales de omega-3, tales como nueces negras, nueces blancas y judías de soja verdes, o toma diariamente suplementos de ácidos grasos omega-3 (Lee la sección de ácidos grasos omega-3 en el capítulo   7).

- *Ingiere muchos alimentos que contengan magnesio.*
El magnesio juega muchos roles en el cuerpo, incluida la regulación del azúcar en sangre, los impulsos nerviosos y la contracción/relajación de los músculos. Niveles de magnesio demasiado bajos pueden causar ganas de ingerir azúcar, fatiga, niveles bajos de energía, calambres musculares y cambios de humor. Estudios han demostrado que la deficiencia de magnesio está asociada a la depresión[25], mientras que tomar suplementos de magnesio, en muchos casos, pareciera aliviar la depresión[26]. Intenta ingerir alimentos ricos en magnesio todos los días. El germen de trigo, la harina de trigo integral, los frutos secos, las verduras de hoja verde, las judías, los guisantes, el tofu y el pescado son buenas fuentes de magnesio.

- *Ingiere mucho calcio y vitamina D*
El calcio y la vitamina D son muy conocidos por formar y mantener los huesos, pero parece que también ayudan a estabilizar o hasta mejorar el humor. Probablemente no te sorprenda cuando te des

---

25 Derom ML, Sayon-Orea C, Martinez-Ortega JM, Martinez-Gonzalez MAMagnesium and depression: a systematic reviewnutrneurosci2013;16(5):191-206
26 Ibid

mejorar el humor. Probablemente no te sorprenda cuando te des cuenta de que el calcio es necesario para la transmisión de señales nerviosas, que es parte de varios sistemas enzimáticos, y que ayuda a mantener una presión arterial correcta, mientras que la vitamina D afecta áreas del cerebro que están ligadas a la depresión. Algunos estudios han encontrado que tomar suplementos de calcio y vitamina D pueden ayudar a levantar el ánimo[27], y a aliviar la ansiedad, el nerviosismo y los cambios de humor. El calcio se encuentra, fundamentalmente, en productos lácteos como la leche, el queso y el yogur, perotambiénenlalechedesojaoeljugodenaranja fortificados con calcio, así como también en el salmón o las sardinas enlatadas (comidas con las espinas). Pero excepto que seas un consumidor ávido y constante de productos lácteos, para obtener la dieta suficiente de calcio puedes necesitar un suplemento de hasta 1200 mg por día. La vitamina D se encuentra en el aceite de hígado de pescado, los pescados grasos y los huevos, pero la exposición diaria al sol puede ser aún más importante que el consumo de alimentos ricos en vitamina D. Eso se debe a que el cuerpo fabrica sus propios suministros de vitamina D cuando los rayos ultravioletas ingresan en la piel. Los que se exponen muy poco a la luz solar (porque viven en áreas de poca luz, usan bloqueador solar en forma regular o permanecen bajo techo mucho tiempo) pueden necesitar tomar un suplemento diario de 2000 a 4000 IU de vitamina D3.

- *Ingiere alimentos que contengan cinc*

  El cinc, una parte vital de más de 200 encimas en el cuerpo, es importante para muchas hormonas –incluidas la insulina y las tiroideas–, y juega un rol crucial en la función inmunológica. Las deficiencias de este importante mineral han sido asociadas con la depresión, el desequilibrio hormonal e inmunidad baja.

  Las ostras, los mariscos, los huevos, los cereales integrales, los frijoles y guisantes secos, y el hígado son buenas fuentes de cinc.

- *Ingiere muchos alimentos que contengan vitaminas B*

  La deficiencia de vitaminas B (tiamina, riboflavina, niacina, B6, B12 y folato) fue relacionada con la depresión durante mucho tiempo.

27 Kaymar A Elevation of mood with calcium and vitamin D Paper presented at the 95th Annual Meeting of the American Psychological Association, New York City, August 31, 1987

la vitamina B12 y el folato, en particular, son necesarios para la generación de neurotransmisores que son importantes para el estado de ánimo. Afortunadamente, es fácil incorporar muchas de las vitaminas B a través de la dieta. Las judías, el brócoli, el coliflor, la espinaca, el jugo de naranja, el arroz integral, el maní, los cereales integrales y la pechuga de pollo son ricos en vitaminasB.

- *Come ni bien sientas hambre o ante cualquier señal de baja azúcar en sangre* – Si te sientes mareado, irritable, débil o tembloroso, es señal de que tu nivel de azúcar en sangre ha bajado demasiado. Los niveles bajos de azúcar en sangre suelen ser fuente de ansiedad, depresión, irritabilidad y cambios de humor. Come inmediatamente un bocadillo alto en proteínas o en fibras para estabilizar tus niveles de azúcar en sangre.

- *Mantente hidratado* – El agua común es un hidratante interno natural que equilibra los fluidos corporales, aumenta la energía, mejora la digestión y elimina las toxinas.

Lo que no hay que hacer

- *No consumas alimentos ricos en azúcar o carbohidratos refinados* Ingerir azúcar, alimentos dulces o carbohidratos refinados tales como una torta, galletas, pan blanco, etc. pueden llevar a un rápido aumento seguido de un igualmente rápido descenso de los niveles de azúcar en sangre, lo que puede ser un disparador para la depresión, la irritabilidad y la ansiedad. Comer alimentos altos en proteínas o en fibras al mismo tiempo que ingieres alimentos ricos en azúcares/carbohidratos refinados ayudará a reducir el aumento y descenso de azúcar en sangre. Así que limita lo más posible tu ingesta de alimentos dulces y amiláceos y asegúrate de incluir algunos alimentos proteicos (como pescado, aves, carne y queso) y/o alimentos ricos en fibras (como verduras frescas y cereales integrales) en cada comida o bocadillo a fin de mantener estables tus niveles de glucosa en sangre.

- *No te apresures, saltees comidas o sigas dietas restrictivas* Apresurarse, saltear comidas, comer demasiado poco o de forma restrictiva son caminos rápidos a tener niveles bajos de azúcar en sangre, y la ansiedad, la irritabilidad y la depresión que inevitablemente, siguen a continuación. Seguir una dieta restrictiva, aunque provea calorías suficientes, está relacionado con un aumento de ansiedad y depresión. Así que aliméntate y come lo suficiente para sentirte satisfecho; solo asegúrate de que ingieres alimentos saludables que están lo más cerca posible de su estado natural.

- *No consumas cafeína o bebidas con cafeína en exceso*
  La cafeína puede incrementar la ansiedad, la irritabilidad y el nerviosismo porque estimula la liberación de adrenalina, la hormona asociada con las reacciones de "lucha o huida". Solo esto debería ser suficiente para que cualquier persona con CNEP evite la cafeína. Pero también hay otras dos razones importantes: la cafeína baja los niveles de azúcar en sangre, aumentando la posibilidad de desarrollar ansiedad y/o depresión. Además, la cafeína es un diurético, lo que estimula la excreción de vitaminas B, magnesio, y cinc, todos importantes para la regulación del ánimo. Si adoras tu café o los refrescos, quizás desees cambiar por alguno de los muchos sustitutos descafeinados que ofrece el mercado después de tomar la primera taza.

- *No consumas alcohol*
  El alcohol es un depresor del sistema nervioso central que puede producir depresión o aumentar los sentimientos de desesperanza y desesperación. También puede aumentar la ira y la irritabilidad. Para empeorar las cosas, para absorber el alcohol, tu cuerpo tiene que perder grandes cantidades de vitaminas B, vitamina C, magnesio y cinc, todos con roles importantes en el control del ánimo, dejándote en un riesgo mucho mayor de sufrir deficiencias y depresión. Entonces, tiene sentido que evites el alcohol por completo o que limites su ingesta a ciertas ocasiones.

Por último, tómate el tiempo para sentarte y disfrutar tus comidas y bocadillos. Céntrate en la comida y en la gente con la que estás comiendo y olvídate de lo demás. No mires televisión, no hables por teléfono ni revises tus mensajes, ni navegues por Internet mientras comes. Solo saborea la comida. Te sentirás satisfecho más rápido y disfrutarás más tus comidas y bocadillos si comes a consciencia.

Figura 8: La comida saludable es como un combustible de calidad
superior que ayuda a tu cuerpo a andar fluidamente, mientras la

(Nota: Si tienes problemas de salud significativos, considera consultar
con un nutricionista matriculado que puede ayudarte a desarrollar un
plan de alimentación personalizado).

Ejercicio

Todos saben que el ejercicio es esencial para cualquiera que desee
alcanzar y mantener una buena salud. Entre otras cosas, promueve la
resistencia, mejora el equilibrio, fortalece el corazón y los pulmones,
disminuye la presión arterial, reduce los lípidos en sangre, aumenta la
fortaleza del músculo esquelético y reduce la grasa corporal. También es
extremadamente útil para aliviar la ansiedad, la tensión, la fatiga, la
irritabilidad y la depresión. De hecho, el ejercicio aeróbico (el que hace
que tu corazón lata más rápido y que respires más agitado) es una de las
mejores "curas" para la tensión inducida por el estrés porque quema las
hormonas del estrés y relaja los músculos tensos como un nudo. El
ejercicio aeróbico también estimula la producción de endorfinas, lo que
significa que puede ayudar a aliviar los síntomas de la depresión y
aumentar la sensación de bienestar.

Quizás te preguntes si tus CNEP te impedirán realizar ejercicio, o si al menos limitarán los tipos de ejercicios que puedes hacer. Tú puedes y deberías hacer ejercicio, aunque sufras episodios psicógenos. Las actividades de alto riesgo como paracaidismo o rappel en la ladera de una montaña están prohibidas, y si tus episodios no están perfectamente bajo control, actividades como natación, kayak, navegar, andar en bicicleta o en patines (especialmente en una zona con tránsito) pueden ser peligrosas.

La regla general es: asegúrate de hacer un tipo de ejercicio que sea seguro. Consulta con tu médico y, si es necesario, trabaja con un profesor de gimnasia. Dependiendo del tipo de ejercicio que estés haciendo, haz los ajustes de seguridad necesarios. Quizás necesites usar un casco, almohadillas para codos o rodilleras, máquinas fijas de ejercicio con opción de detención automática, cubrir el piso con colchonetas, tener un amigo que te acompañe, o trabajar con un entrenador personal. Otras reglas básicas para ejercitarte de manera segura incluyen mantenerte hidratado, entrar en calor, comenzar lento, aumentar la intensidad del ejercicio gradualmente en el tiempo, hacer pausas, y no intentar hacer mucho demasiado pronto. Siguiendo estas reglas generales, deberías poder ejercitarte de manera segura y mantener tu cuerpo en forma.

¡Importante!

Siempre consulta a tu médico antes de comenzar un programa o tipo de ejercicios nuevo.

Elementos de un buen programa de ejercicios

Existen muchas formas de ejercitarte de forma segura que te ayudarán a mantenerte en forma, y aliviar tanto la ansiedad como la depresión. Ten en cuenta los tipos de episodios que tú sufres cuando tengas que elegir los mejores y más seguros ejercicios para ti. Estos son algunos ejemplos:

- caminata rápida
- trote a paso moderado
- yoga
- taichí

- Pilates
- ejercicios aeróbicos de bajo impacto
- zumba
- artes marciales (excepto de pelea)
- baile
- jardinería
- quehaceres domésticos, especialmente barrer, trapear, o pasar la aspiradora

Un buen programa de ejercicios debería contener cinco elementos básicos, sin importar qué tipo de movimientos elijas incluir: entrada en calor, ejercicios aeróbicos, ejercicios de fuerza, elongación y enfriamiento.

- *Entrada en calor* –Debes dedicar al menos 10 minutos al comienzo de tu entrenamiento a hacer ejercicios livianos para que la sangre circule, aumente la temperatura dentro de los músculos, y el cuerpo esté listo para ejercitarse.
- *Ejercicios aeróbicos* – Estos ejercicios, que hacen tanto por aliviar la ansiedad y la depresión, aceleran la frecuencia cardíaca y hacen que la respiración sea más rápida y profunda (¡También te harán transpirar!). Caminar rápido, trotar, correr, hacer brincos de mariposa, saltar la soga, bailar continuamente, y andar en bicicleta son ejercicios aeróbicos.
- *Ejercicios de fuerza* – Los ejercicios de fuerza erigen y tonifican los músculos haciéndolos ejercer fuerza contra alguna forma de resistencia, que puede ser la gravedad, pesas, agua o el peso del propio cuerpo. Esta forma de ejercicio es esencial para fortalecer no solo los músculos, sino también los huesos, tendones y ligamentos. Usar una banda de resistencia, hacer ejercicios isométricos, lagartijas y elevaciones de piernas son todos ejercicios de fuerza.
- *Elongación* – La elongación aumenta y mantiene la flexibilidad de los músculos, las articulaciones, los tendones y los ligamentos. Estos ejercicios también son geniales para aliviar la tensión y el estrés. La mejor manera de elongar es adoptar lentamente la posición de elongación, luego relajarse y mantenerla

durante al menos 45 segundos Como es fácil hacerlo incorrectamente y puede causar lesiones, es importante que un profesional te enseñe a elongar correctamente. Una vez que estás seguro de hacerlo bien, puedes elongar por tu cuenta. Yoga, Pilates y la mayoría de las formas de danza normalmente involucran muchos ejercicios de elongación y flexibilidad.

- *Enfriamiento* – Al final de tu sesión de ejercicios, es momento de disminuir el ritmo y aliviar la intensidad del entrenamiento, lo que le permite al cuerpo aminorar la marcha y volver al estado normal. Caminar a un ritmo normal durante algunos minutos y hacer algunos ejercicios fáciles de elongamiento es suficiente.

Ejercitar sin siquiera pensar en ello

Si bien seguir un programa de ejercicios razonable y bien planificado, diseñado específicamente para ti, es lo ideal, no todos los ejercicios tienen por qué realizarse de esa manera. Existen muchas formas de colar ejercicios en la rutina diaria sin hacerlo un tema tan importante. Algunas sugerencias:

- Usa una máquina fija de ejercicio mientras miras TV (¡No podrás creer lo rápido que pasa eltiempo!)
- Estaciona el auto más lejos de la entrada deledificio
- Camina o transpórtate en bicicleta en lugar de ir enauto
- Cierra la puerta de tu oficina y haz ejercicios de yoga o Pilates durante tu horario de almuerzo
- Usa un podómetro (un dispositivo que cuenta cuántos pasos das) y ve si puedes aumentarla cantidadde pasos quedas semanaa semana
- Si has sido mamá recientemente, pasea el cochecito alrededor de la casa (¡La ventaja adicional es que quizás hasta el bebé se duerma!)
- Si tus hijos juegan al fútbol, camina rápidamente alrededor de la cancha mientras ellos juegan

Lo mejor acerca de este tipo de movimientos es que quizás ni te des cuenta de que estás ejercitándote – ¡Solo lo haces! Pero igualmente los beneficios serán mérito tuyo.

Artes marciales para CNEP

Las artes marciales, definidas como cualquiera de las muchas artes de combate y defensa personal asiáticas (como el judo o el karate), pueden ser especialmente útiles para los que han sufrido abusos físicos o sexuales y diagnosticados con CNEP. Esto es debido a que fomentan que te hagas cargo de tu cuerpo, tu mente y la situación actual –que es totalmente lo contrario a victimizarse o estar fuera de control–.

Aunque el esfuerzo, la flexibilidad, el equilibrio y el fortalecimiento son, claramente, elementos importantes de las artes marciales, éstas implican mucho más que ejercicios. Aprender defensa personal brinda una sensación de dominio; será mejor que estés preparado para evaluar amenazas potenciales y defenderte. También te volverás más disciplinado, adquirirás un código de ética, aprenderás dedicación, formarás una conexión saludable entre tu mente y tu cuerpo, y te volverás parte de una red social que incluye a tus pares y a tus maestros. También existen medidas distintas de éxito (por ej.: aprender movimientos, combinaciones de movimientos, ser evaluado en público, ganar cinturones o trofeos) que marcan tu progreso. Con cada "ke-op" (el grito que acompaña un golpe), ¡tu confianza en ti mismo aumenta!

Si no eres un atleta...

Recuerda, aunque nunca hayas sido realmente bueno en los deportes o te haya gustado ejercitarte, ¡eso puede cambiar! Muchos de nosotros no éramos atletas talentosos cuando éramos niños. Quizás hayas esquivado la pelota en el quemado, bateado suavemente y corrido por tu vida jugando al béisbol, o pasado la mayor parte del tiempo ocupando el banco, pero eso no implica que nunca más hagas ejercicio.

Busca alguna forma de movimiento que realmente te guste: quizás una clase de zumba si es que te gusta bailar, una clase de 'spinning' o de yoga. Y mantén expectativas reales: si recién comienzas una actividad nueva, no serás un experto ni un sabelotodo durante bastante tiempo –si es que alguna vez lo eres–.Solo haz lo mejor que puedas y permítete ser feliz con los pequeños logros que vayas obteniendo. Esta ya no es la clase de gimnasia del colegio; eres tú, un adulto, eligiendo una actividad de tu agrado y trabajando a tu propio ritmo.

Sueño

La falta de sueño está inexorablemente relacionada con el mal humor. Es una de las formas más rápidas de desatar la depresión o la ansiedad, y también suele ser un síntoma de esos estados de ánimo: es muyprobable que los que están deprimidos o ansiosos duerman poco, aun cuando pasen más tiempo en la cama que el promedio de la gente. Dormir demasiado poco también puede tener consecuencias graves tales como baja concentración, lo que puede aumentar el riesgo de accidentes, un sistema inmunitario debilitado, aumento de peso, problemas cardíacos, envejecimiento prematuro, y una dependencia a los somníferos y a la cafeína. La otra cara de dormir mal –dormir demasiado– también puede ser una señal de depresión.

Para darle a tu cuerpo la mejor oportunidad de un buen sueño reparador, es importante practicar una buena higiene del sueño –un término sofisticado para los comportamientos que pueden promover un buen sueño–. A continuación, algunas de las cosas que se deben hacer y las que no para ayudarte a reestablecer y mantener un ciclo de sueño saludable:

Lo que sí hay que hacer

- *Averigua cuánto tiempo de sueño necesita tu cuerpo realmente*
  Observa tus ánimos y a ti durante un par de semanas y establece cuántas horas de sueño crees que son ideales para tu cuerpo. Todos somos diferentes –quizás necesites tanto como 9 horas por noche o tan solo 6–. Una vez que sepas cuál es el número óptimo de horas que necesitas, acomoda tus horarios para dormir lo suficiente. Recuerda que probablemente necesitarás unos 30 minutos para quedarte dormido, así que agrégalo al número total cuando establezcas la cantidad "correcta" de horas de sueño para ti.

También ten en cuenta que, si estás deprimido, puedes tender a dormir demasiado, así que intenta limitar tu tiempo de sueño a 9 horas como máximo.

- *Acuéstate y levántate a la misma hora todos los días*

  La mayoría nos vemos tentados a "dormir hasta tarde" los fines de semana, especialmente si hemos dormido poco durante la semana. Pero despertarte una o dos horas más tarde de lo usual los fines de semana adelanta tu "reloj interno", hace que comiences el día más tarde, y que te quieras acostar más tarde esa noche. Eso estaría bien si pudieras adelantar permanentemente todo tu ciclo de sueño un par de horas. Pero cuando llegue el lunes, tendrás que volver a levantarte temprano, aunque te hayas acostado más tarde que lo normal el domingo. O, si el domingo te acostaste a la hora habitual, quizás te costó dormirte (algo conocido como "el insomnio del domingo"). Para evitar confundir a tu "reloj interno", intenta mantener tus horarios de sueño todos los días de lasemana.

- *Mantén tu habitación oscura y tranquila durante las horas de sueño*

  El ruido y la luz son los dos grandes perturbadores del sueño, así que haz todo lo posible por eliminarlos. Es especialmente importante mantener la habitación a oscuras, porque la luz promueve la conversión de la melatonina (la hormona del sueño) a la serotonina (la hormona "del despertar"). Utiliza cortinas opacas y cierra la puerta de la habitación. Para bloquear ruidos molestos como los del tránsito o el de perros ladrando, intenta usar un ventilador o una máquina de ruido blanco que aporten un zumbido relajante constante de fondo.

- *Mantén la habitación fresca, pero no demasiado*

  Durante el sueño, la temperatura del cuerpo desciende ligeramente y este leve descenso te ayuda a dormirte y a permanecer dormido. Si la habitación está demasiado caliente o tienes demasiadas mantas, tu temperatura corporal puede permanecer demasiado alta como para dormirte. Por otro lado, tampoco quieres que descienda demasiado: esto causa tensión y contracción muscular cuando te acurrucas como una bola, intentando mantenerte caliente. Se recomienda que la temperatura de la habitación esté entre los 18° C a 22° C grados (65° F a 72 °F).

- *Asegúrate de que el colchón y la almohada sean cómodos*
Si el colchón es demasiado duro o grumoso o no brinda el suficiente soporte para tu espalda puede interferir en un buen sueño. Lo mismo ocurre con una almohada si es demasiado dura, demasiado blanda o no es cómoda. Presta atención a tu ropa de cama y haz los cambios que sean necesarios.

- *Usa tu cama solo para dormir y para tener sexo*
Mucha gente pasa gran parte del tiempo que no duerme en la cama viendo TV, enviando emails y mensajes de texto, trabajando, comiendo, jugando con los niños o mascotas, etc. Como resultado, la mente asocia la cama con la actividad en lugar de con la relajación y el sueño. Puede ser difícil "apagar toda" esa acción repentinamente, acomodarte y dormirte. Así que restringe tus actividades a otras áreas de la casa: luego, cuando estés listo para relajarte, hacer el amor o dormir, ve al dormitorio.

- *Relájate durante una hora antes de irte a dormir*
Lavar la ropa, envolver almuerzos, lavar los platos, sacarle el jugo a un entrenamiento, y ocuparse de mil otras cosas justo hasta el minuto anterior a caer rendido en la cama no es la receta para un buen sueño. En cambio, siempre que sea posible, permítete una hora para bajar las revoluciones antes de ir a dormir. Evita el ejercicio intenso y cualquier cosa que estimule tu mente en un nivel apenas superior que moderado. Apaga la TV y la computadora, las luces, escucha algo de música suave, date un baño tibio (pero no demasiado caliente: no querrás elevar demasiado tu temperatura corporal), quizás podrías hacer un poco de yoga o algunos ejercicios de relajación progresivos. Algunas personas disfrutan leer un poco antes de dormir. Lo que te sirva a ti estará bien; solo céntrate en relajarte antes de intentar dormirte.

Lo que no hay que hacer

- *No ingieras mucho líquido antes de acostarte*
Cuanto más líquido bebas antes de acostarte, más veces irás al baño durante la noche Eso significa que te despertarás más veces en.

medio de la noche, y que habrá más oportunidades para que te cueste trabajo volver a dormir. Que tu objetivo sea ingerir líquido por última vez al menos dos horas antes de acostarte.

- *No ingieras comidas pesadas muy cerca del horario de dormir*
Ingerir una comida grande, especialmente una que contenga muchas grasas, una o dos horas antes de acostarte obligará a tu cuerpo a trabajar más en la digestión justo cuando se supone que debería relajarse y apagarse. A algunas personas les gusta comer un bocadillo liviano antes de irse a dormir; si realmente sientes que te ayuda a conciliar el sueño, está bien. Si no, deja de comer una o dos horas antes de ir a la cama para darle a tu cuerpo tiempo para terminar el "trabajo pesado" de digerir antes de acostarte.

- *No bebas alcohol antes de acostarte*
Quizás te veas tentado a beber un poco de alcohol antes de acostarte, para relajarte y ayudarte a dormir. Sin embargo, el alcohol trabaja en contra del sueño reparador perturbando los patrones normales del sueño y causando dolores de cabeza. También puede fácilmente crear el hábito: una "copita" para inducir el sueño puede ser el punto de inicio de una adicción al alcohol. Como si no fuera suficiente, el alcohol puede empeorar la depresión. Por todas estas razones, se recomienda evitar depender del alcohol como somnífero.

- *No ingieras cafeína o bebidas con cafeína, especialmente cerca de la hora de dormir*
Ya hemos discutido los efectos negativos de la cafeína sobre la ansiedad y los niveles de azúcar en sangre. Otra razón para evitarla son sus conocidos efectos contra el sueño. Si eres sensible a la cafeína, tomar aunque sea solo un vaso de una bebida con cafeína por la tarde puede ser suficiente para evitar que duermas bien esa noche. Ten en cuenta que la cafeína no se encuentra solo en el café, el té y los refrescos, sino también en el

- *Si es posible, no duermas siesta*
Si has dormido mal de noche, puede ser terriblemente tentador tomar una pequeña siesta el día siguiente. Sin embargo, esto puede perturbar aún más tus horarios de sueño, especialmente

si la siesta se prolonga demasiado. La mejor idea es mantenerte despierto hasta el horario normal en que te acuestas, y utilizar tu fatiga como ayuda para dormirte. Sin embargo, si estás demasiado exhausto, pon la alarma para una hora más tarde, toma una siesta, y asegúrate de levantarte cuando suene la alarma. Para evitar modificar tu "reloj interno", se debe tomar la siesta a la media tarde no durante la mañana o muy cerca del horario de la cena/de dormir

- *No te quedes en la cama más de 30 minutos si no puedes dormirte*
Cuando notes que no puedes dormirte y ya pasaste 30 minutos en la cama, levántate y vete del dormitorio. Tu objetivo es entrenar a tu cerebro para que asocie tu cama/dormitorio con el sueño, y permanecer recostado despierto produce lo contrario. Ve al living y lee un libro o escucha música relajante o haz algo común en lo que no debas concentrarte, como doblar la ropa limpia. Puedes probar bebiendo un té o leche tibia. Luego, cuando ya estés somnoliento, regresa a la cama. Si 30 minutos más tarde sigues despierto, repite el proceso. Sé paciente porque este "re-entrenamiento" puede llevar muchos días y múltiples repeticiones. Pero funciona, y bien puede valer el esfuerzo. Si todo lo demás falla, cuéntale a tu médico sobre tus problemas para dormir. Quizás sea necesario realizarte una evaluación del sueño para descartar un trastorno del sueño. Quizás te recete algún medicamento para dormir durante un periodo corto de tiempo para ver si tu insomnio empeora. Pero, ya sea que tomes medicación o no, seguir los principios de la higiene del sueño continuará siendo extremadamente importante y también la clave para establecer un ciclo de sueño normal.

La conexión inexorable: salud física y mental

La mente y el cuerpo no son dos cosas separadas: son dos partes de un ser complejo: tú. Y una afecta –inevitablemente– a la otra, para bien o para mal. Tal como tus pensamientos, tus sentimientos y comportamientos afectarán tu cuerpo, el estado actual de tu físico afectará cómo piensas, sientes y actúas. En resumen, debes cultivar, mantener y proteger la salud tanto de tu cuerpo como de tu mente para volverte un individuo saludable, feliz y productivo. Así que mientras te esfuerzas por mejorar tu salud mental y emocional y recuperarte de las CNEP, no te olvides de tu cuerpo. Puede ser tu mejor aliado, pero necesita de tu atención, cuidado y amor, todos los días.

CAPÍTULO 9

VIVIR CON CNEP

Puedes vivir todos los días de tu vida.

Jonathan Swift

De más está decir que vivir con CNEP puede ser un desafío, porque la enfermedad tiene algunos efectos emocionales y físicos muy graves. También tiene el potencial de afectar tu independencia y tu calidad de vida en general. Dado que los eventos psicógenos pueden presentarse sorpresivamente, quizás veas que abandonas alguna/s actividad/es, temeroso de sufrir un episodio en un ambiente molesto o inseguro. Y como las CNEP no son muy conocidas ni publicitadas, puede ser difícil explicárselo a los demás, y probablemente te preocupe cómo irán a reaccionar ante tus episodios. A veces, puedes sentir que eres el único "espécimen" en el mundo que tiene esta enfermedad (créeme, no eres el único).

Aun así, he visto mil veces que los que sufren CNEP pueden disfrutar de vidas felices, gratificantes y bastante "normales" mientras avanzan en la conquista de sus episodios. Por supuesto, se debe prestar más atención a las medidas de seguridad y a cómo manejar ciertas realidades prácticas de la vida diaria mientras trabajas para estar mejor. Pero ¡asegúrate de no perder nunca de vista esa vida rica y completa por la que estás trabajando!

Demos un vistazo a algunos de los temas que pueden preocuparte.

Seguridad

Lo primero que debes hacer, por tu seguridad, es obtener una descripción completa de tus episodios típicos de parte de alguien que los haya presenciado, y compartir esa descripción con las personas importantes en tu vida. Así, cuando se presente uno, se asustarán menos y estarán mejor preparados para ayudarte.

Luego, haz todo lo necesario para disminuir la probabilidad de sufrir lesiones durante un episodio. El lugar obvio para comenzar es tu casa. Ten en cuenta que las medidas a tomar dependerán de tus síntomas típicos. Si, por ejemplo, tu único síntoma es que se te adormece el brazo o tu cuerpo se pone rígido, quizás no necesites hacer ninguna modificación. Pero si tus síntomas incluyen caídas o sacudidas violentas, probablemente necesites realizar cambios importantes. Las siguientes sugerencias están dirigidas principalmente a los que tienden a "dormirse con los ojos abiertos", caerse, o experimentar otros síntomas potencialmente peligrosos. Nota: es muy importante que siempre recuerdes que estas medidas solo serán temporarias hasta que logres controlar tus episodios. Nunca pierdas de vista ese objetivo.

Prevención de lesiones

Mejor prevenir que lamentar. Tómate el tiempo para asegurarte de que tu ambiente es seguro. También puedes decidir tomar ciertas precauciones para minimizar el peligro al que estás expuesto durante un episodio.

- Acolchona las esquinas puntiagudas de tus muebles y los bordes afilados donde se unen las paredes
- Coloca tapetes gruesos o colchonetas en el piso
- Evita los calentadores de llama abierta que puedan caerse y ocasionar un incendio
- Considera utilizar un horno microondas en lugar de la cocina al cocinar
- Sé particularmente cuidadoso al retirar comida caliente del horno o de la cocina
- Asegúrate de que haya alguien en tu casa cuando tomes una ducha/baño.

- Cuelga un cartel de "ocupado" en la puerta del baño en lugar de usar el cerrojo así, si fuera necesario, alguien podrá ingresar a ayudarte
- Coloca algo acolchado sobre el piso del baño y sobre los elementos duros (lavabo o bañera)
- Evita utilizar escaleras empinadas
- Toma el ascensor, en lugar de la escalera mecánica, siempre que sea posible
- Cuando estés parado en la acera, ponte bien lejos de la calle
- Cuando estés parado en una estación de tren, mantente alejado hasta que el tren haya llegado a la estación

Para ver una lista mucho más completa de recomendaciones de seguridad, visita el sitio Web de Epilepsy Foundation (http://www.epilepsyfoundation.org/resources/safety/index.cfm). Pero recuerda, solo adopta las medidas de seguridad que sean verdaderamente apropiadas para tu situación. No es necesario excederse.

Primeros auxilios

El tipo de primeros auxilios que precisarás durante un episodio dependerán de tus síntomas. Si simplemente "te duermes con los ojos abiertos", por ejemplo, quizás no sea necesario que alguien se quede contigo y te mantenga a salvo hasta que "despiertes". Pero si tus episodios son más intensos a nivel físico, será necesario que alguien se asegure de que no te caigas o te golpees con algo hasta que el episodio haya pasado. A menos que te hayas lastimado, no es necesario llamar a una ambulancia o ir al hospital. Puede parecer obvio, pero te sorprenderías de ver cuántas personas corren al hospital luego de sufrir una crisis no epiléptica.

Mientras que, en general, se piensa "mejor prevenir que lamentar", la visita al hospital suele ser peor para ti, el paciente con CNEP. Esto es porque, como paciente de emergencias, corres el riesgo de recibir medicación y tratamientos innecesarios que hasta podrían ser peligrosos para tu salud. También es probable que termines con costosas facturas por servicios/tratamientos médicos que no precisas.

Resumiendo: *A menos que te hayas caído o lastimado, o sufrido cualquier otra complicación médica, no necesitas ir al hospital.*

Para evitar que te lleven volando al hospital, haz lo siguiente antes de sufrir más episodios:

- Explícale a la gente que generalmente está contigo cuando sufres un episodio (familia, amigos, compañeros de trabajo) que no deben llevarte al hospital a menos que hayas sufrido lesiones o una complicación médica.
- Lleva un brazalete o colgante con información médica que exponga tu diagnóstico (por ej.: "trastorno de conversión" o "crisis no epilépticas").
- Lleva contigo todo el tiempo una tarjeta laminada que diga que sufres crisis no epilépticas, con ejemplos de algunos síntomas típicos, y que los episodios no requieren visitas a Urgencias. Aquí un ejemplo:
- *Sufro de una enfermedad llamada crisis no epilépticas. Cuando sufro un episodio, en general me "duermo con los ojos abiertos" y permanezco indiferente. A veces, sufro parálisis de mi lado izquierdo. No podré responderle pero puedo escucharlo y comprender lo que diga.*
- *Lo único que debe hacer es buscar un lugar para que me siente. No podré caminar rápido y arrastraré despacio los pies. **Por favor, no llame una ambulancia ni me lleve al hospital** a menos que me haya lesionado o esté teniendo alguna otra complicación médica. Llame a mi esposo/a <agregar nombre del cónyuge> al <agregar número de teléfono>. Por favor, asegúrese de que alguien se quede conmigo hasta que <agregar nombre del cónyuge> llegue. Gracias.*

A pesar de todas estas medidas, quizás alguien insista con llamar una ambulancia cuando sufras un episodio. Si esto ocurre y tienes acceso a tu tarjeta laminada o al brazalete/colgante, muéstrasela/o al personal de emergencias ni bien llegue.

Esta información puede prevenir una visita costosa e innecesaria al hospital. Si cuentas con un psicólogo, psiquiatra o terapeuta, quizás también quieras autorizar al personal de emergencias a hablar con él/ella para que sepan más sobre tu enfermedad.

Asuntos prácticos

Conducir, trabajar, ir a la escuela, y solicitar los beneficios por discapacidad de pronto pueden convertirse en complicaciones para los pacientes a los que les acaban de diagnosticar CNEP. Aunque quizás debas renunciar a algunas cosas, muchas otras deberían seguir siendo una parte importante de tu vida. Quieres asegurarte de que seguirás teniendo una vida una vez que te mejores. Demos un vistazo a algunos de los asuntos más importantes.

¿Conducir o no conducir?

Conducir es un privilegio, no un derecho, entonces, la pérdida de los privilegios de conductor es una posibilidad real si tus episodios pueden ponerte a ti o a los demás en peligro cuando estás al volante. Las leyes al conducir si eres propenso a sufrir crisis difieren de un estado a otro, y de un país a otro. Algunos solicitan que los médicos informen qué pacientes sufren trastornos de convulsiones a la Dirección de Tránsito, mientras que otros suponen que el paciente será responsable y entregará su licencia de conducir voluntariamente. La persona debe demostrar que ha pasado determinado tiempo sin sufrir crisis antes de recuperar sus privilegios de conductor; eso también varía según la ley, y es otra decisión más que deberá ser discutida entre el paciente y el médico.

Resumiendo: *Si existe la posibilidad de que sufras un episodio mientras conduces que pueda ponerte a ti o a los demás en peligro, no conduzcas.*

Obviamente, perder tus privilegios de conductor puede ser un golpe importante a menos que vivas en un área urbana con muchos medios de transporte públicos excelentes. Si vives en los suburbios o en una zona rural, necesitarás ser creativo para moverte de un lado al otro. Existen muchas posibilidades: un alma amable que esté dispuesta a llevarte a ciertos lugares; transporte público y opciones de para tránsito (pide recomendaciones en el consultorio de tu médico o a la trabajadora social); o taxis (quizás puedas arreglar una tarifa especial si usas con frecuencia la misma empresa de taxis). Una vez que comiences a investigar, te sorprenderás de las opciones de transporte disponibles.

Trabajar

Si es posible, no dejes de trabajar excepto que esto implique ponerte a ti o a los demás en peligro, complicar o empeorar tu enfermedad, o que te despidan debido a tu imposibilidad de realizar tus tareas. Trabajar es una parte necesaria y saludable de la vida. Brinda un propósito, un beneficio económico, la posibilidad de socializar con otros, un estímulo mental y/o físico, y, para algunos, un sentido de identidad. Es importante sentirse productivo y comprometido y que, al final del día, sientas que lograste algo que valió la pena. Una ventaja adicional: el tratamiento psicológico funciona mejor cuando los pacientes tienen su vida ocupada entonces, cuando la enfermedad mejora, pueden volver a sus actividades sin inconvenientes.

Mientras te sometes al tratamiento, puedes pedirle a tu empleador que haga ciertas adaptaciones que te permitan continuar trabajando. Por ejemplo, quizás puedas trabajar desde tu casa, evitar los viajes de trabajo, tomar descansos extra, tener más permisos para asistir a consultas médicas, etc. Si tu enfermedad es grave, consúltale sobre la posibilidad de tomarte una licencia médica.

Ir a la escuela

Recomiendo vehementemente que sigas asistiendo a la escuela todo el tiempo que puedas, por razones muy similares a las expresadas respecto a continuar trabajando. Muchas escuelas son muy abiertas a trabajar con alumnos con problemas de salud así que, antes de abandonar, analiza tus opciones. Quizás puedas tomar menos clases, trabajar con un compañero que tome notas por ti y hacer los proyectos en conjunto, obtener tiempo libre para asistir a consultas médicas y psicológicas, y quizás tomarte un trimestre o un semestre libre.

Presentar una solicitud para beneficios por discapacidad

Si tus CNEP y tu salud física y psiquiátrica están tan gravemente comprometidas y es tan poco probable que mejore como para que puedas volver a trabajar, quizás necesites avanzar y solicitar los beneficios por discapacidad. Sin embargo, ten en cuenta que, una vez que te otorguen el estado de minusvalía, tu tratamiento psicológico puede tornarse más difícil. Esto es porque, una vez que te han "catalogado" como "discapacitado", puede ser difícil que cambies esa visión de ti mismo. Así que, aunque debas recurrir a los beneficios por discapacidad, intenta continuar trabajando algunas horas por semana o haz algún tipo de trabajo voluntario para mantenerte conectado con la vida. La inactividad y el aislamiento social no son psicológicamente saludables.

Matrimonio & vida en familia

Estar casado con la persona correcta y tener una familia puede brindar los cimientos para una vida completa y feliz. Y el hecho de sufrir CNEP no tiene por qué interponerse en el camino. Sin embargo, puede haber ciertos elementos que es importante tener en cuenta si sufres CNEP.

Matrimonio & relaciones

Un buen compañero/a –con maneras saludables de lidiar con el estrés, la ira, y el conflicto– puede ser una fuerza tremendamente positiva en tu vida. Pero quizás te preguntes si esa persona querría a alguien que sufre CNEP. No olvides que nadie es perfecto; todos tenemos algún "bagaje", y tener problemas de salud es solo una de sus muchas formas. La parte complicada (y esto es para todos, no solo para ti) es encontrar a ese alguien que será verdaderamente bueno para ti.

Una gran preocupación es cuándo revelar tu enfermedad cuando comienzas a salir con alguien. Mi consejo es que no te apresures, ve hacia dónde va la relación, y confía en tu intuición para saber cuándo es el momento de tener "la charla". No te sientas obligado a sacar el tema en la primera media hora de la primera cita. En cambio, toma nota de cómo te sientes cuando estás con esa persona. Solo el hecho de hablar con él/ella puede darte pistas sobre cómo se ha manejado en otras relaciones, cómo trata a su familia y amigos, cuán abierto/a está a "escucharte". Presta atención a tus presentimientos –ese radar innato que toma señales que se le pueden escapar a tu mente consciente–. Dicho esto, si tus episodios son frecuentes, probablemente no quieras esperar más de un par de citas.

Tener relaciones sexuales puede presentar otro obstáculo. Muchas mujeres con CNEP han sufrido traumas y abusos sexuales frecuentemente durante su infancia, lo que puede afectar negativamente las relaciones románticas y maritales. Puede haber dificultades para tener relaciones sexuales adultas debido a una incomodidad física, timidez, indiferencia, etc. Si eres mujer, quizás te preocupe sufrir episodios no epilépticos durante el acto sexual. Indudablemente, dedicarás muchas sesiones de terapia a estos temas: a darle sentido a tus sentimientos y comportamientos, y a darte cuenta cómo difieren los eventos y la gente actualmente respecto de los del pasado. Lo más probable es que también necesites discutir estos temas con tu pareja sexual. La terapia y una pareja comprensiva pueden ayudarte a alcanzar una vida sexual saludable.

Tener hijos
Traer un niño al mundo es una decisión importante que te afectará el resto de tu vida. Entre otras muchas cosas, tener un pequeñito en tu vida puede ser una experiencia fuertemente sanadora; una con la que quizás maternes de modo muy diferente del que te maternaron a ti. Sin embargo, ciertas dificultades psicológicas y físicas pueden comenzar aun antes de la concepción, especialmente si has sufrido un trauma sexual. Por ejemplo, al intentar lograr un embarazo, probablemente necesites tener relaciones sexuales muy frecuentes que, como acabo de mencionar, puede ser problemático. Los muchos cambios físicos asociados con el embarazo (por ej.: agrandamiento de los senos, hinchazón del vientre, problemas gástricos, los movimientos del bebé, controles periódicos con el obstetra/ginecólogo, etc.) pueden ser perturbadores. Si sufriste humillaciones de niño, tales como abandono o abuso físico, quizás experimentes sentimientos confusos y miedos sobre tus aptitudes como madre. Lo mejor es trabajar estos problemas con un terapeuta antes o aun durante el embarazo, aunque también puedes hacerlo cuando el bebé ya haya nacido. La terapia te ayudará a darle sentido a tus sentimientos y te dará apoyo mientras atraviesas este periodo importante.

Sin embargo, tu mayor preocupación siempre será la seguridad del niño. Si sufres crisis no epilépticas durante el embarazo, especialmentesi incluyen caídas o posibles lesiones, es de vital importancia tomar medidas de seguridad. En terapia, trabajarás para identificar y comprender tus disparadores, controlando tus episodios lo antes posible, y tomando precauciones para asegurar tu seguridad

Una vez que el bebé haya nacido, las medidas de seguridad pueden incluir cambiarle los pañales y/o bañarlo en el piso en lugar de sobre un cambiador o mesada, no alzar al bebé mientras cocinas o planchas y, en algunos casos, no quedarse sola con el bebé. Visita el sitio Web Epilepsy Foundation (http://www.epilepsy-foundation.org/livingwithepilepsy/gendertopics/womenshealthtopics /parentingconcerns.cfm) para más sugerencias sobre cómo mantener seguro al bebé.

¿Y los papás que sufren CNEP? Desde luego, deberás tomar todas las medidas de seguridad recomendadas para mantener seguro al bebé, pero puede haber otros asuntos: como hombre, puedes haber sufrido experiencias infelices y traumáticas en tu niñez que hagan que te preocupe ser un buen padre para tu hijo. Los padres que esperan un bebé suelen estar estresados –se preocupan por el bebé, por la madre, por el futuro y por cuán buenos padres serán–, pero ese estrés puede ser más fuerte en un padre con CNEP. Estos son temas que un terapeuta tratará durante el tratamiento, y cuanto antes, mejor.

Preparar a tu hijo para presenciar un episodio

Si tus episodios no epilépticos son permanentes, probablemente tu hijo/a presencie uno o más. Entonces es importante que lo/a prepares para que no se asuste demasiado ni el evento lo/a traume. Pero al evaluar cómo presentar la situación, primero considera el nivel de madurez de tu hijo/a. Si tiene 3 años, usa palabras y –en lo posible– imágenes que pueda comprender. Pero si tiene 9 años, necesitarás cambiar el enfoque a algo un poco más sofisticado. No importa tanto la edad de tu hijo/a como sí que seas lo más claro y detallista posible sobre lo que puede llegar a presenciar y qué debería hacer. Cuanto más informado/a esté, menos abrumado/a se sentirá

Por ejemplo, una de mis clientes, Paulina, tenía un hijo que tenía 3 años y medio cuando presenció uno de sus episodios por primera vez.

Afortunadamente, su marido llegó a la casa para almorzar justo cuando se estaba presentando el episodio. El niñito se asustó un poco, así que luego Paulina se sentó con él le explicó que "cuando mami comenzó a sacudirse en el sofá y no podía responderle, se estaba sintiendo un poco mal. Pero que igualmente podía escucharlo y estaba ahí con él". Esto calmó el miedo primitivo (y bastante comprensible) que los niños tienen de que los dejen sin ningún padre a su cuidado. Luego, la familia sumó dos teclas de discado rápido de colores en el teléfono: una para llamar al esposo de Paulina y otra para llamar a su madre. Le enseñaron al niño a tomar el teléfono y presionar el botón "Papi" si volvía a presenciar uno de los episodios de mami.

Si tu hijo/a tiene CNEP

Hemos hablado de niños presenciando episodios de CNEP. ¿Y si es el niño el que sufre CNEP? Un niño con CNEP enfrenta desafíos únicos y, obviamente, tú y tu esposa/pareja trabajarán codo a codo con su equipo terapéutico (médico, psiquiatra, psicólogo) y su equipo de docentes para brindarle el mejor ambiente posible y manejar los problemas oportunamente. Aunque este libro no está diseñado para cubrir todos los aspectos de las CNEP en niños, me gustaría mencionar brevemente algunos conceptos a recordar respecto a la terapia psicológica.

El psicólogo identificará las áreas problemáticas de tu hijo/a, luego lo/a ayudará a aprender y comprender las CNEP, y le brindará herramientas para manejar las situaciones estresantes. Tu primera tarea será aprender qué debes hacer y qué no al reaccionar ante uno de sus episodios no epilépticos y otros eventos de la vida. Las responsabilidades adicionales incluirán llevarlo/a a sesiones de terapia en forma regular, trabajar en conjunto con el equipo de salud mental, modelar técnicas de manejo de la ansiedad y manejo de la ira eficaces, trabajar en conjunto con la escuela, y mejorar la salud y calidad de vida general de tu hijo/a. Tú y otros miembros de tu familia también pueden ser invitados a participar en algunas de sus sesiones de terapia.

El personal de la escuela de tu hijo/a también deberá enfrentar desafíos únicos. Si él/ella sufre un episodio en la escuela, debería haber un protocolo claro sobre qué necesitará hacer el personal. Se debería realizar una evaluación educativa para identificar cualquier dificultad de aprendizaje y, así, realizar los cambios que sean necesarios en la forma de enseñar a tu hijo/a (por ej.: cómo se presentan los materiales de enseñanza, en qué lugar del aula se sienta, herramientas adicionales para aprender, etc.). Estos cambios pueden tener efectos drásticos y mejorar enormemente su experiencia escolar. Por último, deberías informarte detalladamente sobre las leyes de educación y los servicios gubernamentales disponibles para tu hijo/a. Quizás él/ella cumpla los requisitos para valiosos servicios de bajo costo que se haya demostrado que son muy útiles.

La escuela es importante, no solo por razones académicas, sino también para la sociabilización y el aprendizaje de cómo relacionarse con los demás. La amistad y la camaradería son partes clave de una vida feliz. Pero, desafortunadamente, interactuar con otros también puede ser doloroso y angustiante. La intimidación y la marginalización de parte de los pares, la humillación de los docentes o de aquellos en posiciones de poder, y el estrés debido a eventos sociales importantes (fiestas, baile de fin de curso, graduaciones, etc.) pueden ser extremadamente difíciles, especialmente para alguien a quien se percibe como "diferente". Los problemas sociales, especialmente cuando conlleva intimidación, deben ser tratados inmediatamente por los padres, el personal de la escuela, y el terapeuta debido a que tienen un impacto en las CNEP y en el bienestar general del niño. A la larga, estar en un ambiente social como el que la escuela brinda es preferible a la educación en el hogar, a menos que exista alguna razón en particular para preferir la segunda opción.

Unirse a la comunidad

Volvamos a los adultos. Si sufres CNEP, y especialmente, si te sientes aislado o como si fueras el único con esta enfermedad, también puede resultarte útil unirte a un grupo de apoyo o una terapia grupal donde puedas conocer a otras personas que viven con CNEP. Mis pacientes a veces comentan que están contentos de ver que el grupo no está lleno de "gente loca como una cabra" y que hay muchas similitudes entre ellos y los demás. Pero unirse a un grupo de apoyo en persona no es la única manera de conectarse con otros que enfrentan problemas similares. Las redes sociales como Facebook y LinkedIn pueden ser útiles también. He armado una página en Facebook de Crisis No Epilépticas Psicológicas donde comparto novedades sobre las CNEP y, a veces, respondo preguntas particulares.

Una manera excelente de ser parte de una comunidad y de conocer a otros es convertirse en un voluntario que atrae una atención positiva hacia las CNEP y las enfermedades relacionadas. Todavía hay mucha ignorancia y estigmas alrededor de las CNEP y, desafortunadamente, esa ignorancia suele extenderse a profesionales –incluidos docentes, personal médico de emergencias, policías, médicos y profesionales de salud mental–. La mejor manera de combatir la ignorancia es con educación. Dado que algunas instituciones pueden ser reticentes a que un extraño vaya a enseñarles, quizás sea útil reunirse con alguien que ya pertenezca a dicha institución para organizar una presentación informativa. Por ejemplo, puedes trabajar junto con un paramédico para hacer la presentación en un curso de medicina de emergencias, o con un neurólogo para enseñarles a los pasantes sobre lasCNEP.

Otra excelente manera de ayudar es participar de caminatas por la epilepsia y las crisis. Aunque tú no sufras de epilepsia, *sí* sufres crisis no epilépticas y serás bienvenido a participar en las caminatas para recaudar fondos para crisis/epilepsia. Hasta puedes crear tu propio equipo. Los fondos recaudados pueden donarse a organizaciones que realicen investigaciones sobre CNEP para comprender mejor cómo tratarlas (como la "American Epilepsy Society", que tiene un grupo de trabajo de CNEP).

Otra manera fabulosa que tienen los pacientes con CNEP para salir del cascarón y formar parte de una comunidad mayor es participar en los programas de bienestar del consultorio de tu médico o del hospital local. Por ejemplo, en nuestro programa de tratamiento en Nueva York y Nueva Jersey, en distintos momentos del año, encontrarás que se ofrecen clases de tejido, yoga, dibujo, computación o de ejercicios en colchonetas.

Algunos de mis pacientes con CNEP se ofrecieron como voluntarios para ser instructores y otros asistieron como alumnos. Es una manera genial de salir de tu casa, conocer gente, enseñar y/o aprender algo nuevo

Imagen 9: La libertad de las CNEP siempre debe ser tu objetivo incuestionable.

Vivir con CNEP puede ser difícil, pero hay formas creativas y saludables de asegurar tu seguridad y hacer que tu vida diaria sea lo más normal posible. Te aliento a que vivas tu vida al máximo mientras caminas sin modificar tu rumbo hacia el objetivo de vencer a las   CNEP.

CAPÍTULO 10

UNAS ÚLTIMAS PALABRAS

La mejor manera de predecir el futuro es creándolo.

Peter Drucker

¡Felicitaciones! Has llegado al último capítulo de este libro, lo cual es un cierre, pero también un comienzo. A esta altura, estás mucho mejor preparado para enfrentar los desafíos de las CNEP y para hacer tu camino para recuperar tu vida. Y eso es porque ahora:

- Has comprendido bien las CNEP, sus síntomas y problemas psicológicos coexistentes que incluyen traumas, ansiedad, depresión e ira.
- Has estado escribiendo un diario y registrando tus episodios, lo que te ha dado una muy buena idea de cuáles son tus disparadores de CNEP y el rol que el estrés juega en el proceso. A través de esto, te has dado cuenta de que los episodios no salen "de la nada"; hay, en realidad, un patrón.
- Hacer los ejercicios descritos en el libro te ha ayudado a ver que realmente puedes cambiar tus comportamientos, pensamientos y sentimientos. Has encontrado que existen herramientas que puedes usar para controlar tu ansiedad, depresión, ira y síntomas de traumas, en lugar de permitir que éstos te controlen. Esto, a su vez, te da una ventaja sobre tus episodios psicógenos en lugar de que sea al revés.
- Ahora sabes que es de vital importancia cuidar tu mente y tu cuerpo con ejercicio físico, una dieta adecuada, y un buen sueño, para mantener una buena calidad de vida.

¡Haz recorrido un largo camino!

La terapia es clave

Si has sido capaz de alcanzar todo esto solo leyendo un libro, imagina qué impacto puedes lograr en tus CNEP si trabajas con un terapeuta que tenga experiencia en este campo. Si actualmente no estás en tratamiento, realmente debes comenzar a buscar un psicoterapeuta. Haber leído este libro te ayudará. Aunque quizás ya hayas buscado un terapeuta en el pasado, ahora estarás preparado para explicarle tu diagnóstico desde una posición informada, lo que debería hacer una diferencia positiva. Lleva el libro contigo a las entrevistas con los terapeutas y comparte su contenido para ayudarte a expresarte con claridad. Evalúa cuidadosamente las respuestas a tus preguntas/dudas; esto te ayudará a establecer si él/ella podrán ayudarte.

Si ya estás en tratamiento con una psicoterapeuta que te gusta y que parece estar ayudándote, ¡genial! pero recuerda aprovechar la información obtenida de este libro. Ciertas secciones o capítulos completos relevantes a tu situación pueden servirte como buen trampolín para discutir en tus sesiones. Quizás ya seas consciente de síntomas o enfermedades coexistentes que te son familiares pero que no has abordado en tu tratamiento hasta ahora. Hablarle a tu terapeuta sobre ellos puede conducir a un cambio significativo en sus objetivos del tratamiento o sus técnicas terapéuticas. Por ejemplo, quizás antes no te hayan diagnosticado PTsD, pero una vez que tomas consciencia del trastorno y de su relación con las CNEP, tú y tu terapeuta pueden darse cuenta de que es un tema importante para ti.

Otra forma de usar este libro como anexo de la terapia es discutir los ejercicios al final de los capítulos con tu terapeuta. Quizás quieras realizar algunos bajo su supervisión, luego discutir lo que experimentaste o aprendiste. Tu terapeuta quizás quiera entonces diseñar un marco terapéutico más formal basado en lo que ambos descubrieron.

CNEP y el futuro

Actualmente, las CNEP siguen siendo un trastorno bastante oscuro, no muy conocido ni por los profesionales médicos ni por el público en general. Esta falta de conocimiento suele conducir a una gran pérdida de tiempo, dinero y energía en tratamientos inútiles, más un sufrimiento prolongado para los que sufren esta enfermedad. Por eso es de vital importancia que tanto los profesionales como la gente estén más informados sobre las CNEP. Afortunadamente, cada vez hay más materiales educativos sobre CNEP (incluido este libro).

Pero no es suficiente. Los pacientes con CNEP, sus seres queridos, y los profesionales que trabajan con ellos deben unir esfuerzos para despertar consciencia sobre la enfermedad. Existen muchas formas de correr la voz: a través de medios impresos, de conferencias profesionales, de medios sociales en la red, de publicaciones electrónicas, y de iniciativas de educación en la comunidad, por nombrar algunas. Lee la sección "Anexo: Recursos para crisis no epilépticas psicógenas" al final de este libro donde encontrarás una muestra de formas como comenzar.

También hay una gran necesidad de investigaciones en curso que ayudarán a expandir nuestro conocimiento sobre las CNEP y a liberar los misterios alrededor de las mismas. Por ejemplo, un avance relativamente reciente como el desarrollo de pruebas por EEG con video ahora hace posible que los médicos hagan un diagnóstico válido de CNEP basado en evidencia concreta, en lugar de solo observar comportamientos y hacer suposiciones instruidas. La investigación también ha conducido al desarrollo de herramientas estandarizadas para medir las características psicológicas y el funcionamiento mental que puede evaluar las fortalezas de un paciente, sus debilidades y síntomas de un modo cuantificable. Esto no solo es útil para la investigación sino también para diseñar tratamientos individualizados.

Pero quedan muchas preguntas que solo más investigaciones podrán responder. Por ejemplo, ¿cómo se desarrollan exactamente las CNEP? ¿Son causas subyacentes que todavía no hemos descubierto? ¿Por qué una persona desarrolla CNEP mientras que otra desarrolla un trastorno de estrés diferente? ¿Hay algo diferente acerca del cerebro, el cuerpo, el pensamiento o la historia de una persona con CNEP? ¿Cuáles son los tratamientos más eficaces para las CNEP? Cada vez más profesionales trabajan para responder estas preguntas, pero necesitamos más: más investigadores, más dinero, más apoyo. Necesitamos llegar a estos profesionales y a otros que sufren CNEP para establecer una comunidad que trabaja en conjunto para desenmarañar los misterios de las CNEP y encontrar un camino hacia larecuperación.

Mi objetivo cuando comencé a escribir este libro fue ayudarte a encontrar tu camino en el complicado terreno de las CNEP y mostrarte que la recuperación está a tu alcance. Has recibido un desafío, pero ahora puedes enfrentarlo armado con educación y herramientas. Con tu conocimiento y comprensión de las CNEP recientemente descubiertos sumado al amor y aceptación de tu cuerpo y mente, y tu toma de consciencia de una comunidad con CNEP en crecimiento, puedes comenzar a encontrar una salida. Como dijo alguna vez Henry David Thoreau, "Camina con seguridad en la dirección de tus sueños. Vive la vida que has imaginado".

ANEXO: RECURSOS PARA LAS CRISIS NO EPILÉPTICAS PSICÓGENAS

Información general sobre CNEP

- Northeast Regional Epilepsy Group
  Información sobre CNEP:
  http://nonepilepticseizures.com
  http://www.epilepsygroup.com
  En la celda de búsqueda, ingresa CNEP.
- Seminario virtual: "Introducción a las CNEP: Guía para pacientes y miembros de la familia" - Dra. Lorna Myers:
  http://www.youtube.com/watch?v=xYuDv-QFYu0
- Información sobre Trastorno de Crisis No Epilépticas (CNE).
  Esta organización (Trust) está ubicada en Gran Bretaña.
  http://www.neadtrust.co.uk/
- Información sobre Trastorno de Crisis No Epilépticas (CNE).
  http://www.nonepilepticattacks.info/index.html
- Blog de la Dra. Lorna Myers sobre CNEP.
  Posteos mensuales.
  http://blog.nonepilepticseizures.com
- Facebook: página sobre CNEP del Northeast Regional Epilepsy Group
  http://www.facebook.com/pages/Psychological-Non-Epileptic-Seizures/144184112260986
- Página de LinkedIn de la Dra. Lorna Myers
  http://www.linkedin.com/groups/psychogenic-non-epileptic-seizures-3997535?trk=myg_ugrp_ovr

- Lecturas recomendadas:
Lowering the shield: overcoming Psychogenic non-epileptic seizures
[*Bajar el escudo: vencer las crisis no epilépticas psicógenas*] Escrito
por una paciente que tiene CNEP y su esposo (John Dougherty), y
está disponible para Kindle. http://www.amazon.com/Lowering-
Shield-Psychogenic-Nonepileptic-ebook/dp/B00BTMB38G#
- American Epilepsy Society
www.AESnet.org
- Fundación para la Epilepsia:
www.epilepsyfoundation.org
En la celda de búsqueda, ingresa CNEP.

Cómo encontrar un profesional de salud mental

- Northeast Regional Epilepsy Group – Página de derivación para
tratamiento para CNEP
www.nonepilepticseizures.com/epilepsy-psychogenic-NES-
information-referral-sites.php
- La American Psychological Association (APA)
La APA tiene un "localizador de psicólogos"
(http://locator.apa.org/). Ingresas el código postal, la naturaleza
general de tu problema (dado que CNEP no figura como una de las
opciones, sugiero elegir "trastorno disociativo"), y otras pocas
variables, y debería brindarte algunos nombres de psicólogos y su
información de contacto. http://locator.apa.org
- Asociación psicológica estatal
En Google, ingresa el nombre de tu estado más "asociación
psicológica" –por ej.: "New York Psychological Association"–. Casi
todos los estados tienen su propia asociación psicológica, con sitios
de derivación.
- Asociación neuropsiquiátrica
Si estás buscando un neuropsiquiatra, puedes visitar la página de
derivaciones de la Asociación Neuropsiquiátrica [Neuropsychiatry
Association], que está organizada por estado:
http://www.anpaonline.org/directory.php

Recuerda que no todos los psicólogos o neuropsiquiatras figuran en estos registros, ya que para ello se requiere un pago y la membresía a una asociación, y no todos elijen promover sus servicios de esta manera.

- Tu seguro médico – Quizás debas recurrir a la empresa de tu seguro médico para solicitar un listado de proveedores de salud mental en tu área. Lamentablemente, no es raro recibir una lista al azar de nombres sin mencionar si se especializan o no en tu problema. Estate preparado para hacer múltiples llamadas telefónicas explicando tu enfermedad antes de encontrar a alguien calificado para atenderte.

- Derivación a terapia de trabajo social
  617-720-2828 o 800-242-9794.

- Administración de servicios para abuso de sustancias y salud mental - Localizador de tratamientos (EE UU)
  http://www.samhsa.gov/treatment/index.aspx

Líneas directas para la prevención de suicidios

- USA National Suicide Prevention Helpline [Línea de Ayuda Nacional para la Prevención de Suicidios – EE UU]
  1-800-SUICIDE

- Departamento de Asuntos de los Veteranos
  El Departamento de Asuntos de los Veteranos brinda una línea de ayuda para la prevención de suicidios específicamente para veteranos.
  1-800-273-TALK (8255)

- Prevención de Suicidios en Gran Bretaña - Samaritanos
  http://www.samaritans.org/how-we-can-help-you

- Prevención de Suicidios en Australia
  http://www.suicideprevention.com.au/main/?id=5

Desorden por Estrés Postraumático – Resumen

- Departamento de Asuntos de los Veteranos
  Información sobre trauma y PTsD – Resumen de PTsD
  http://www.ptsd.va.gov/public/pages/fslist-ptsd-overview.asp

Medidas de seguridad

- Seguridad general

  www.epilepsyfoundation.org/resources/safety/index.cfm
- Seguridad en el hogar
  www.epilepsyfoundation.org/aboutepilepsy/healthrisks/home-safety.cfm
- Seguridad del bebé
  http://www.epilepsyfoundation.org/livingwithepilepsy/gender-topics/womenshealthtopics/parentingconcerns.cfm

Transporte y Conducir en los EE UU

- Red de paratránsito: Información general
- http://www.disability.gov/transportation
- Red de paratránsito: Manual de elegibilidad
- http://ntl.bts.gov/DOCS/ada.html
- Leyes sobre conducir con una enfermedad ligada a las crisis: Por estado:
  http://www.epilepsyfoundation.org/resources/drivingandtravel.cfm

Relajación muscular progresiva en 10 minutos - YouTube

- http://www.youtube.com/watchv=PYsuvRNZfxE

.